La alegría del Evangelio

Evangelii Gaudium

Exhortación Apostólica

Francisco

EXHORTACIÓN APOSTÓLICA

EVANGELII GAUDIUM

DEL SANTO PADRE FRANCISCO

A LOS OBISPOS

A LOS PRESBÍTEROS Y DIÁCONOS

A LAS PERSONAS CONSAGRADAS

Y A LOS FIELES LAICOS

SOBRE

EL ANUNCIO DEL EVANGELIO

EN EL MUNDO ACTUAL

Foto de portada: CNS/Paul Haring

Publicación No. 7-879

United States Conference of Catholic Bishops

Washington, DC

ISBN 978-1-60137-879-8

© 2013 Libreria Editrice Vaticana

Ciudad del Vaticano

Publicado en Estados Unidos, diciembre de 2013

Primera impresión, diciembre de 2013

Tercera impresión, octubre de 2014

Índice

1. La alegría del evangelio llena el corazón y la vida entera de los que se encuentran con Jesús. Quienes se dejan salvar por Él son liberados del pecado, de la tristeza, del vacío interior, del aislamiento. Con Jesucristo siempre nace y renace la alegría. En esta Exhortación quiero dirigirme a los fieles cristianos para invitarlos a una nueva etapa evangelizadora marcada por esa alegría, e indicar caminos para la marcha de la Iglesia en los próximos años.

I. ALEGRÍA QUE SE RENUEVA Y SE COMUNICA

2. El gran riesgo del mundo actual, con su múltiple y abrumadora oferta de consumo, es una tristeza individualista que brota del corazón cómodo y avaro, de la búsqueda enfermiza de placeres superficiales, de la conciencia aislada. Cuando la vida interior se clausura en los propios intereses, ya no hay espacio para los demás, ya no entran los pobres, ya no se escucha la voz de Dios, ya no se goza la dulce alegría de su amor, ya no palpita el entusiasmo por hacer el bien. Los creyentes también corren ese riesgo, cierto y permanente. Muchos caen en él y se convierten en seres resentidos, quejosos, sin vida. Ésa no es la opción de una vida digna y plena, ése no es el deseo de Dios para nosotros, ésa no es la vida en el Espíritu que brota del corazón de Cristo resucitado.

3. Invito a cada cristiano, en cualquier lugar y situación en que se encuentre, a renovar ahora mismo su encuentro personal con Jesucristo o, al menos, a tomar la decisión de dejarse encontrar por Él, de intentarlo cada día sin descanso. No hay razón para que alguien piense que esta invitación no es para él, porque "nadie queda excluido de la alegría reportada por el Señor".[1] Al que arriesga, el Señor no lo defrauda, y cuando alguien da un pequeño paso hacia Jesús, descubre que Él ya esperaba su llegada con los brazos abiertos. Éste es el momento para decirle a Jesucristo: "Señor, me he dejado engañar, de mil maneras escapé de tu amor, pero aquí estoy otra vez para renovar mi alianza contigo. Te necesito. Rescátame de nuevo,

Señor, acéptame una vez más entre tus brazos redentores". ¡Nos hace tanto bien volver a Él cuando nos hemos perdido! Insisto una vez más: Dios no se cansa nunca de perdonar, somos nosotros los que nos cansamos de acudir a su misericordia. Aquel que nos invitó a perdonar "setenta veces siete" (Mt 18:22) nos da ejemplo: Él perdona setenta veces siete. Nos vuelve a cargar sobre sus hombros una y otra vez. Nadie podrá quitarnos la dignidad que nos otorga este amor infinito e inquebrantable. Él nos permite levantar la cabeza y volver a empezar, con una ternura que nunca nos desilusiona y que siempre puede devolvernos la alegría. No huyamos de la resurrección de Jesús, nunca nos declaremos muertos, pase lo que pase. ¡Que nada pueda más que su vida que nos lanza hacia adelante!

4. Los libros del Antiguo Testamento habían preanunciado la alegría de la salvación, que se volvería desbordante en los tiempos mesiánicos. El profeta Isaías se dirige al Mesías esperado saludándolo con regocijo: "Tú multiplicaste la alegría, acrecentaste el gozo" (9:2). Y anima a los habitantes de Sión a recibirlo entre cantos: "¡Dad gritos de gozo y de júbilo!" (12:6). A quien ya lo ha visto en el horizonte, el profeta lo invita a convertirse en mensajero para los demás: "Súbete a un alto monte, alegre mensajero para Sión; clama con voz poderosa, alegre mensajero para Jerusalén" (40:9). La creación entera participa de esta alegría de la salvación: "¡Aclamad, cielos, y exulta, tierra! ¡Prorrumpid, montes, en cantos de alegría! Porque el Señor ha consolado a su pueblo, y de sus pobres se ha compadecido" (49:13).

Zacarías, viendo el día del Señor, invita a dar vítores al Rey que llega "pobre y montado en un borrico": "¡Exulta sin freno, Sión, grita de alegría, Jerusalén, que viene a ti tu Rey, justo y victorioso!" (9:9).

Pero quizás la invitación más contagiosa sea la del profeta Sofonías, quien nos muestra al mismo Dios como un centro luminoso de fiesta y de alegría que quiere comunicar a su pueblo ese gozo salvífico. Me llena de vida releer este texto: "Tu Dios está en medio de ti, poderoso salvador. Él exulta de gozo por ti, te renueva con su amor, y baila por ti con gritos de júbilo" (3:17).

Es la alegría que se vive en medio de las pequeñas cosas de la vida cotidiana, como respuesta a la afectuosa invitación de nuestro Padre Dios: "Hijo, en la medida de tus posibilidades trátate bien . . . No te prives de pasar un buen día" (Si 14:11, 14). ¡Cuánta ternura paterna se intuye detrás de estas palabras!

5. El Evangelio, donde deslumbra gloriosa la Cruz de Cristo, invita insistentemente a la alegría. Bastan algunos ejemplos: "Alégrate" es el saludo del ángel a María (Lc 1:28). La visita de María a Isabel hace que Juan salte de alegría en el seno de su madre (cf. Lc 1:41). En su canto María proclama: "Mi espíritu se estremece de alegría en Dios, mi salvador" (Lc 1:47). Cuando Jesús comienza su ministerio, Juan exclama: "Ésta es mi alegría, que ha llegado a su plenitud" (Jn 3:29). Jesús mismo "se llenó de alegría en el Espíritu Santo" (Lc 10:21). Su mensaje es fuente de gozo: "Os he dicho estas cosas para que mi alegría esté en vosotros, y vuestra alegría sea plena" (Jn 15:11). Nuestra alegría cristiana bebe de la fuente de su corazón rebosante. Él promete a los discípulos: "Estaréis tristes, pero vuestra tristeza se convertirá en alegría" (Jn 16:20). E insiste: "Volveré a veros y se alegrará vuestro corazón, y nadie os podrá quitar vuestra alegría" (Jn 16:22). Después ellos, al verlo resucitado, "se alegraron" (Jn 20:20). El libro de los Hechos de los Apóstoles cuenta que en la primera comunidad "tomaban el alimento con alegría" (2:46). Por donde los discípulos pasaban, había "una gran alegría" (8:8), y ellos, en medio de la persecución, "se llenaban de gozo" (13:52). Un eunuco, apenas bautizado, "siguió gozoso su camino" (8:39), y el carcelero "se alegró con toda su familia por haber creído en Dios" (16:34). ¿Por qué no entrar también nosotros en ese río de alegría?

6. Hay cristianos cuya opción parece ser la de una Cuaresma sin Pascua. Pero reconozco que la alegría no se vive del mismo modo en todas las etapas y circunstancias de la vida, a veces muy duras. Se adapta y se transforma, y siempre permanece al menos como un brote de luz que nace de la certeza personal de ser infinitamente

amado, más allá de todo. Comprendo a las personas que tienden a la tristeza por las graves dificultades que tienen que sufrir, pero poco a poco hay que permitir que la alegría de la fe comience a despertarse, como una secreta pero firme confianza, aun en medio de las peores angustias: "Me encuentro lejos de la paz, he olvidado la dicha . . . Pero algo traigo a la memoria, algo que me hace esperar. Que el amor del Señor no se ha acabado, no se ha agotado su ternura. Mañana tras mañana se renuevan. ¡Grande es su fidelidad! . . . Bueno es esperar en silencio la salvación del Señor" (Lm 3:17, 21-23, 26).

7. La tentación aparece frecuentemente bajo forma de excusas y reclamos, como si debieran darse innumerables condiciones para que sea posible la alegría. Esto suele suceder porque "la sociedad tecnológica ha logrado multiplicar las ocasiones de placer, pero encuentra muy difícil engendrar la alegría".[2] Puedo decir que los gozos más bellos y espontáneos que he visto en mis años de vida son los de personas muy pobres que tienen poco a qué aferrarse. También recuerdo la genuina alegría de aquellos que, aun en medio de grandes compromisos profesionales, han sabido conservar un corazón creyente, desprendido y sencillo. De maneras variadas, esas alegrías beben en la fuente del amor siempre más grande de Dios que se nos manifestó en Jesucristo. No me cansaré de repetir aquellas palabras de Benedicto XVI que nos llevan al centro del Evangelio: "No se comienza a ser cristiano por una decisión ética o una gran idea, sino por el encuentro con un acontecimiento, con una Persona, que da un nuevo horizonte a la vida y, con ello, una orientación decisiva".[3]

8. Sólo gracias a ese encuentro —o reencuentro— con el amor de Dios, que se convierte en feliz amistad, somos rescatados de nuestra conciencia aislada y de la autorreferencialidad. Llegamos a ser plenamente humanos cuando somos más que humanos, cuando le permitimos a Dios que nos lleve más allá de nosotros mismos para alcanzar nuestro ser más verdadero. Allí está el manantial de la

acción evangelizadora. Porque, si alguien ha acogido ese amor que le devuelve el sentido de la vida, ¿cómo puede contener el deseo de comunicarlo a otros?

II. LA DULCE Y CONFORTADORA ALEGRÍA DE EVANGELIZAR

9. El bien siempre tiende a comunicarse. Toda experiencia auténtica de verdad y de belleza busca por sí misma su expansión, y cualquier persona que viva una profunda liberación adquiere mayor sensibilidad ante las necesidades de los demás. Comunicándolo, el bien se arraiga y se desarrolla. Por eso, quien quiera vivir con dignidad y plenitud no tiene otro camino más que reconocer al otro y buscar su bien. No deberían asombrarnos entonces algunas expresiones de san Pablo: "El amor de Cristo nos apremia" (2 Cor 5:14); "¡Ay de mí si no anunciara el Evangelio!" (1 Cor 9:16).

10. La propuesta es vivir en un nivel superior, pero no con menor intensidad: "La vida se acrecienta dándola y se debilita en el aislamiento y la comodidad. De hecho, los que más disfrutan de la vida son los que dejan la seguridad de la orilla y se apasionan en la misión de comunicar vida a los demás".[4] Cuando la Iglesia convoca a la tarea evangelizadora, no hace más que indicar a los cristianos el verdadero dinamismo de la realización personal: "Aquí descubrimos otra ley profunda de la realidad: que la vida se alcanza y madura a medida que se la entrega para dar vida a los otros. Eso es en definitiva la misión".[5] Por consiguiente, un evangelizador no debería tener permanentemente cara de funeral. Recobremos y acrecentemos el fervor, "la dulce y confortadora alegría de evangelizar, incluso cuando hay que sembrar entre lágrimas . . . Y ojalá el mundo actual —que busca a veces con angustia, a veces con esperanza— pueda así recibir la Buena Nueva, no a través de evangelizadores tristes y desalentados, impacientes o ansiosos, sino a través de ministros del

Evangelio, cuya vida irradia el fervor de quienes han recibido, ante todo en sí mismos, la alegría de Cristo".[6]

UNA ETERNA NOVEDAD

11. Un anuncio renovado ofrece a los creyentes, también a los tibios o no practicantes, una nueva alegría en la fe y una fecundidad evangelizadora. En realidad, su centro y esencia es siempre el mismo: el Dios que manifestó su amor inmenso en Cristo muerto y resucitado. Él hace a sus fieles siempre nuevos; aunque sean ancianos, "les renovará el vigor, subirán con alas como de águila, correrán sin fatigarse y andarán sin cansarse" (Is 40:31). Cristo es el "Evangelio eterno" (Ap 14:6), y es "el mismo ayer y hoy y para siempre" (Hb 13:8), pero su riqueza y su hermosura son inagotables. Él es siempre joven y fuente constante de novedad. La Iglesia no deja de asombrarse por "la profundidad de la riqueza, de la sabiduría y del conocimiento de Dios" (Rom 11:33). Decía san Juan de la Cruz: "Esta espesura de sabiduría y ciencia de Dios es tan profunda e inmensa, que, aunque más el alma sepa de ella, siempre puede entrar más adentro".[7] O bien, como afirmaba san Ireneo: "[Cristo], en su venida, ha traído consigo toda novedad".[8] Él siempre puede, con su novedad, renovar nuestra vida y nuestra comunidad y, aunque atraviese épocas oscuras y debilidades eclesiales, la propuesta cristiana nunca envejece. Jesucristo también puede romper los esquemas aburridos en los cuales pretendemos encerrarlo y nos sorprende con su constante creatividad divina. Cada vez que intentamos volver a la fuente y recuperar la frescura original del Evangelio, brotan nuevos caminos, métodos creativos, otras formas de expresión, signos más elocuentes, palabras cargadas de renovado significado para el mundo actual. En realidad, toda auténtica acción evangelizadora es siempre "nueva".

12. Si bien esta misión nos reclama una entrega generosa, sería un error entenderla como una heroica tarea personal, ya que la obra es ante todo de Él, más allá de lo que podamos descubrir y

entender. Jesús es "el primero y el más grande evangelizador".[9] En cualquier forma de evangelización el primado es siempre de Dios, que quiso llamarnos a colaborar con Él e impulsarnos con la fuerza de su Espíritu. La verdadera novedad es la que Dios mismo misteriosamente quiere producir, la que Él inspira, la que Él provoca, la que Él orienta y acompaña de mil maneras. En toda la vida de la Iglesia debe manifestarse siempre que la iniciativa es de Dios, que "Él nos amó primero" (1 Jn 4:19) y que "es Dios quien hace crecer" (1 Cor 3:7). Esta convicción nos permite conservar la alegría en medio de una tarea tan exigente y desafiante que toma nuestra vida por entero. Nos pide todo, pero al mismo tiempo nos ofrece todo.

13. Tampoco deberíamos entender la novedad de esta misión como un desarraigo, como un olvido de la historia viva que nos acoge y nos lanza hacia adelante. La memoria es una dimensión de nuestra fe que podríamos llamar "deuteronómica", en analogía con la memoria de Israel. Jesús nos deja la Eucaristía como memoria cotidiana de la Iglesia, que nos introduce cada vez más en la Pascua (cf. Lc 22:19). La alegría evangelizadora siempre brilla sobre el trasfondo de la memoria agradecida: es una gracia que necesitamos pedir. Los Apóstoles jamás olvidaron el momento en que Jesús les tocó el corazón: "Era alrededor de las cuatro de la tarde" (Jn 1:39). Junto con Jesús, la memoria nos hace presente "una verdadera nube de testigos" (Hb 12:1). Entre ellos, se destacan algunas personas que incidieron de manera especial para hacer brotar nuestro gozo creyente: "Acordaos de aquellos dirigentes que os anunciaron la Palabra de Dios" (Hb 13:7). A veces se trata de personas sencillas y cercanas que nos iniciaron en la vida de la fe: "Tengo presente la sinceridad de tu fe, esa fe que tuvieron tu abuela Loide y tu madre Eunice" (2 Tim 1:5). El creyente es fundamentalmente "memorioso".

III. LA NUEVA EVANGELIZACIÓN PARA LA TRANSMISIÓN DE LA FE

14. En la escucha del Espíritu, que nos ayuda a reconocer comunitariamente los signos de los tiempos, del 7 al 28 de octubre de 2012 se celebró la XIII Asamblea General Ordinaria del Sínodo de los Obispos sobre el tema *La nueva evangelización para la transmisión de la fe cristiana*. Allí se recordó que la nueva evangelización convoca a todos y se realiza fundamentalmente en tres ámbitos.[10] En primer lugar, mencionemos el ámbito de la *pastoral ordinaria*, "animada por el fuego del Espíritu, para encender los corazones de los fieles que regularmente frecuentan la comunidad y que se reúnen en el día del Señor para nutrirse de su Palabra y del Pan de vida eterna".[11] También se incluyen en este ámbito los fieles que conservan una fe católica intensa y sincera, expresándola de diversas maneras, aunque no participen frecuentemente del culto. Esta pastoral se orienta al crecimiento de los creyentes, de manera que respondan cada vez mejor y con toda su vida al amor de Dios.

En segundo lugar, recordemos el ámbito de "*las personas bautizadas que no viven las exigencias del Bautismo*",[12] no tienen una pertenencia cordial a la Iglesia y ya no experimentan el consuelo de la fe. La Iglesia, como madre siempre atenta, se empeña para que vivan una conversión que les devuelva la alegría de la fe y el deseo de comprometerse con el Evangelio.

Finalmente, remarquemos que la evangelización está esencialmente conectada con la proclamación del Evangelio a *quienes no conocen a Jesucristo o siempre lo han rechazado*. Muchos de ellos buscan a Dios secretamente, movidos por la nostalgia de su rostro, aun en países de antigua tradición cristiana. Todos tienen el derecho de recibir el Evangelio. Los cristianos tienen el deber de anunciarlo sin excluir a nadie, no como quien impone una nueva obligación, sino como quien comparte una alegría, señala un horizonte bello, ofrece un banquete deseable. La Iglesia no crece por proselitismo sino "por atracción".[13]

15. Juan Pablo II nos invitó a reconocer que "es necesario mantener viva la solicitud por el anuncio" a los que están alejados de Cristo, "porque ésta es *la tarea primordial* de la Iglesia".[14] La actividad misionera "representa aún hoy día *el mayor desafío* para la Iglesia"[15] y "la causa misionera *debe ser la primera*".[16] ¿Qué sucedería si nos tomáramos realmente en serio esas palabras? Simplemente reconoceríamos que la salida misionera es *el paradigma de toda obra de la Iglesia*. En esta línea, los Obispos latinoamericanos afirmaron que ya "no podemos quedarnos tranquilos en espera pasiva en nuestros templos"[17] y que hace falta pasar "de una pastoral de mera conservación a una pastoral decididamente misionera".[18] Esta tarea sigue siendo la fuente de las mayores alegrías para la Iglesia: "Habrá más gozo en el cielo por un solo pecador que se convierta, que por noventa y nueve justos que no necesitan convertirse" (Lc 15:7).

PROPUESTA Y LÍMITES DE ESTA EXHORTACIÓN

16. Acepté con gusto el pedido de los Padres sinodales de redactar esta Exhortación.[19] Al hacerlo, recojo la riqueza de los trabajos del Sínodo. También he consultado a diversas personas, y procuro además expresar las preocupaciones que me mueven en este momento concreto de la obra evangelizadora de la Iglesia. Son innumerables los temas relacionados con la evangelización en el mundo actual que podrían desarrollarse aquí. Pero he renunciado a tratar detenidamente esas múltiples cuestiones que deben ser objeto de estudio y cuidadosa profundización. Tampoco creo que deba esperarse del magisterio papal una palabra definitiva o completa sobre todas las cuestiones que afectan a la Iglesia y al mundo. No es conveniente que el Papa reemplace a los episcopados locales en el discernimiento de todas las problemáticas que se plantean en sus territorios. En este sentido, percibo la necesidad de avanzar en una saludable "descentralización".

17. Aquí he optado por proponer algunas líneas que puedan alentar y orientar en toda la Iglesia una nueva etapa evangelizadora, llena de fervor y dinamismo. Dentro de ese marco, y en base a la doctrina de la Constitución dogmática *Lumen gentium*, decidí, entre otros temas, detenerme largamente en las siguientes cuestiones:

a) La reforma de la Iglesia en salida misionera.
b) Las tentaciones de los agentes pastorales.
c) La Iglesia entendida como la totalidad del Pueblo de Dios que evangeliza.
d) La homilía y su preparación.
e) La inclusión social de los pobres.
f) La paz y el diálogo social.
g) Las motivaciones espirituales para la tarea misionera.

18. Me extendí en esos temas con un desarrollo que quizá podrá pareceros excesivo. Pero no lo hice con la intención de ofrecer un tratado, sino sólo para mostrar la importante incidencia práctica de esos asuntos en la tarea actual de la Iglesia. Todos ellos ayudan a perfilar un determinado estilo evangelizador que invito a asumir *en cualquier actividad que se realice*. Y así, de esta manera, podamos acoger, en medio de nuestro compromiso diario, la exhortación de la Palabra de Dios: "Alegraos siempre en el Señor. Os lo repito, ¡alegraos!" (Flp 4:4).

CAPÍTULO PRIMERO
La transformación misionera de la Iglesia

19. La evangelización obedece al mandato misionero de Jesús: "Id y haced que todos los pueblos sean mis discípulos, bautizándolos en el nombre del Padre y del Hijo y del Espíritu Santo, enseñándoles a observar todo lo que os he mandado" (Mt 28:19-20). En estos versículos se presenta el momento en el cual el Resucitado envía a los suyos a predicar el Evangelio en todo tiempo y por todas partes, de manera que la fe en Él se difunda en cada rincón de la tierra.

I. UNA IGLESIA EN SALIDA

20. En la Palabra de Dios aparece permanentemente este dinamismo de "salida" que Dios quiere provocar en los creyentes. Abraham aceptó el llamado a salir hacia una tierra nueva (cf. Gn 12:1-3). Moisés escuchó el llamado de Dios: "Ve, yo te envío" (Ex 3:10), e hizo salir al pueblo hacia la tierra de la promesa (cf. Ex 3:17). A Jeremías le dijo: "Adondequiera que yo te envíe irás" (Jr 1:7). Hoy, en este "id" de Jesús, están presentes los escenarios y los desafíos siempre nuevos de la misión evangelizadora de la Iglesia, y todos somos llamados a esta nueva "salida" misionera.

Cada cristiano y cada comunidad discernirá cuál es el camino que el Señor le pide, pero todos somos invitados a aceptar este llamado: salir de la propia comodidad y atreverse a llegar a todas las periferias que necesitan la luz del Evangelio.

21. La alegría del Evangelio que llena la vida de la comunidad de los discípulos es una alegría misionera. La experimentan los setenta y dos discípulos, que regresan de la misión llenos de gozo (cf.

Lc 10:17). La vive Jesús, que se estremece de gozo en el Espíritu Santo y alaba al Padre porque su revelación alcanza a los pobres y pequeñitos (cf. Lc 10:21). La sienten llenos de admiración los primeros que se convierten al escuchar predicar a los Apóstoles "cada uno en su propia lengua" (Hechos 2:6) en Pentecostés. Esa alegría es un signo de que el Evangelio ha sido anunciado y está dando fruto. Pero siempre tiene la dinámica del éxodo y del don, del salir de sí, del caminar y sembrar siempre de nuevo, siempre más allá. El Señor dice: "Vayamos a otra parte, a predicar también en las poblaciones vecinas, porque para eso he salido" (Mc 1:38). Cuando está sembrada la semilla en un lugar, ya no se detiene para explicar mejor o para hacer más signos allí, sino que el Espíritu lo mueve a salir hacia otros pueblos.

22. La Palabra tiene en sí una potencialidad que no podemos predecir. El Evangelio habla de una semilla que, una vez sembrada, crece por sí sola también cuando el agricultor duerme (cf. Mc 4:26-29). La Iglesia debe aceptar esa libertad inaferrable de la Palabra, que es eficaz a su manera, y de formas muy diversas que suelen superar nuestras previsiones y romper nuestros esquemas.

23. La intimidad de la Iglesia con Jesús es una intimidad itinerante, y la comunión "esencialmente se configura como comunión misionera".[20] Fiel al modelo del Maestro, es vital que hoy la Iglesia salga a anunciar el Evangelio a todos, en todos los lugares, en todas las ocasiones, sin demoras, sin asco y sin miedo. La alegría del Evangelio es para todo el pueblo, no puede excluir a nadie. Así se lo anuncia el ángel a los pastores de Belén: "No temáis, porque os traigo una Buena Noticia, una gran alegría *para todo el pueblo*" (Lc 2:10). El Apocalipsis se refiere a "una Buena Noticia, la eterna, la que él debía anunciar a los habitantes de la tierra, *a toda nación, familia, lengua y pueblo*" (Ap 14:6).

Primerear, involucrarse, acompañar, fructificar y festejar

24. La Iglesia en salida es la comunidad de discípulos misioneros que primerean, que se involucran, que acompañan, que fructifican y festejan. "Primerear": sepan disculpar este neologismo. La comunidad evangelizadora experimenta que el Señor tomó la iniciativa, la ha primereado en el amor (cf. 1 Jn 4:10); y, por eso, ella sabe adelantarse, tomar la iniciativa sin miedo, salir al encuentro, buscar a los lejanos y llegar a los cruces de los caminos para invitar a los excluidos. Vive un deseo inagotable de brindar misericordia, fruto de haber experimentado la infinita misericordia del Padre y su fuerza difusiva. ¡Atrevámonos un poco más a primerear! Como consecuencia, la Iglesia sabe "involucrarse". Jesús lavó los pies a sus discípulos. El Señor se involucra e involucra a los suyos, poniéndose de rodillas ante los demás para lavarlos. Pero luego dice a los discípulos: "Seréis felices si hacéis esto" (Jn 13:17). La comunidad evangelizadora se mete con obras y gestos en la vida cotidiana de los demás, achica distancias, se abaja hasta la humillación si es necesario, y asume la vida humana, tocando la carne sufriente de Cristo en el pueblo. Los evangelizadores tienen así "olor a oveja" y éstas escuchan su voz. Luego, la comunidad evangelizadora se dispone a "acompañar". Acompaña a la humanidad en todos sus procesos, por más duros y prolongados que sean. Sabe de esperas largas y de aguante apostólico. La evangelización tiene mucho de paciencia, y evita maltratar límites. Fiel al don del Señor, también sabe "fructificar". La comunidad evangelizadora siempre está atenta a los frutos, porque el Señor la quiere fecunda. Cuida el trigo y no pierde la paz por la cizaña. El sembrador, cuando ve despuntar la cizaña en medio del trigo, no tiene reacciones quejosas ni alarmistas. Encuentra la manera de que la Palabra se encarne en una situación concreta y dé frutos de vida nueva, aunque en apariencia sean imperfectos o inacabados. El discípulo sabe dar la vida entera y jugarla hasta el martirio como testimonio de Jesucristo, pero su sueño no es llenarse

de enemigos, sino que la Palabra sea acogida y manifieste su potencia liberadora y renovadora. Por último, la comunidad evangelizadora gozosa siempre sabe "festejar". Celebra y festeja cada pequeña victoria, cada paso adelante en la evangelización. La evangelización gozosa se vuelve belleza en la liturgia en medio de la exigencia diaria de extender el bien. La Iglesia evangeliza y se evangeliza a sí misma con la belleza de la liturgia, la cual también es celebración de la actividad evangelizadora y fuente de un renovado impulso donativo.

II. PASTORAL EN CONVERSIÓN

25. No ignoro que hoy los documentos no despiertan el mismo interés que en otras épocas, y son rápidamente olvidados. No obstante, destaco que lo que trataré de expresar aquí tiene un sentido programático y consecuencias importantes. Espero que todas las comunidades procuren poner los medios necesarios para avanzar en el camino de una conversión pastoral y misionera, que no puede dejar las cosas como están. Ya no nos sirve una "simple administración".[21] Constituyámonos en todas las regiones de la tierra en un "estado permanente de misión".[22]

26. Pablo VI invitó a ampliar el llamado a la renovación, para expresar con fuerza que no se dirige sólo a los individuos aislados, sino a la Iglesia entera. Recordemos este memorable texto que no ha perdido su fuerza interpelante: "La Iglesia debe profundizar en la conciencia de sí misma, debe meditar sobre el misterio que le es propio . . . De esta iluminada y operante conciencia brota un espontáneo deseo de comparar la imagen ideal de la Iglesia —tal como Cristo la vio, la quiso y la amó como Esposa suya santa e inmaculada (cf. Ef 5:27)— y el rostro real que hoy la Iglesia presenta . . . Brota, por lo tanto, un anhelo generoso y casi impaciente de renovación, es decir, de enmienda de los defectos que denuncia y refleja la conciencia, a modo de examen interior, frente al espejo del modelo que Cristo nos dejó de sí".[23]

El Concilio Vaticano II presentó la conversión eclesial como la apertura a una permanente reforma de sí por fidelidad a Jesucristo: "Toda la renovación de la Iglesia consiste esencialmente en el aumento de la fidelidad a su vocación . . . Cristo llama a la Iglesia peregrinante hacia una perenne reforma, de la que la Iglesia misma, en cuanto institución humana y terrena, tiene siempre necesidad".[24]

Hay estructuras eclesiales que pueden llegar a condicionar un dinamismo evangelizador; igualmente las buenas estructuras sirven cuando hay una vida que las anima, las sostiene y las juzga. Sin vida nueva y auténtico espíritu evangélico, sin "fidelidad de la Iglesia a la propia vocación", cualquier estructura nueva se corrompe en poco tiempo.

Una impostergable renovación eclesial

27. Sueño con una opción misionera capaz de transformarlo todo, para que las costumbres, los estilos, los horarios, el lenguaje y toda estructura eclesial se convierta en un cauce adecuado para la evangelización del mundo actual más que para la autopreservación. La reforma de estructuras que exige la conversión pastoral sólo puede entenderse en este sentido: procurar que todas ellas se vuelvan más misioneras, que la pastoral ordinaria en todas sus instancias sea más expansiva y abierta, que coloque a los agentes pastorales en constante actitud de salida y favorezca así la respuesta positiva de todos aquellos a quienes Jesús convoca a su amistad. Como decía Juan Pablo II a los Obispos de Oceanía, "toda renovación en el seno de la Iglesia debe tender a la misión como objetivo para no caer presa de una especie de introversión eclesial".[25]

28. La parroquia no es una estructura caduca; precisamente porque tiene una gran plasticidad, puede tomar formas muy diversas que requieren la docilidad y la creatividad misionera del Pastor y de la comunidad. Aunque ciertamente no es la única institución evangelizadora, si es capaz de reformarse y adaptarse continuamente,

seguirá siendo "la misma Iglesia que vive entre las casas de sus hijos y de sus hijas".[26] Esto supone que realmente esté en contacto con los hogares y con la vida del pueblo, y no se convierta en una prolija estructura separada de la gente o en un grupo de selectos que se miran a sí mismos. La parroquia es presencia eclesial en el territorio, ámbito de la escucha de la Palabra, del crecimiento de la vida cristiana, del diálogo, del anuncio, de la caridad generosa, de la adoración y la celebración.[27] A través de todas sus actividades, la parroquia alienta y forma a sus miembros para que sean agentes de evangelización.[28] Es comunidad de comunidades, santuario donde los sedientos van a beber para seguir caminando, y centro de constante envío misionero. Pero tenemos que reconocer que el llamado a la revisión y renovación de las parroquias todavía no ha dado suficientes frutos en orden a que estén todavía más cerca de la gente, que sean ámbitos de viva comunión y participación, y se orienten completamente a la misión.

29. Las demás instituciones eclesiales, comunidades de base y pequeñas comunidades, movimientos y otras formas de asociación, son una riqueza de la Iglesia que el Espíritu suscita para evangelizar todos los ambientes y sectores. Muchas veces aportan un nuevo fervor evangelizador y una capacidad de diálogo con el mundo que renuevan a la Iglesia. Pero es muy sano que no pierdan el contacto con esa realidad tan rica de la parroquia del lugar, y que se integren gustosamente en la pastoral orgánica de la Iglesia particular.[29] Esta integración evitará que se queden sólo con una parte del Evangelio y de la Iglesia, o que se conviertan en nómadas sin raíces.

30. Cada Iglesia particular, porción de la Iglesia católica bajo la guía de su obispo, también está llamada a la conversión misionera. Ella es el sujeto primario de la evangelización,[30] ya que es la manifestación concreta de la única Iglesia en un lugar del mundo, y en ella "verdaderamente está y obra la Iglesia de Cristo, que es Una, Santa, Católica y Apostólica".[31] Es la Iglesia encarnada en un espacio

determinado, provista de todos los medios de salvación dados por Cristo, pero con un rostro local. Su alegría de comunicar a Jesucristo se expresa tanto en su preocupación por anunciarlo en otros lugares más necesitados como en una salida constante hacia las periferias de su propio territorio o hacia los nuevos ámbitos socioculturales.[32] Procura estar siempre allí donde hace más falta la luz y la vida del Resucitado.[33] En orden a que este impulso misionero sea cada vez más intenso, generoso y fecundo, exhorto también a cada Iglesia particular a entrar en un proceso decidido de discernimiento, purificación y reforma.

31. El obispo siempre debe fomentar la comunión misionera en su Iglesia diocesana siguiendo el ideal de las primeras comunidades cristianas, donde los creyentes tenían un solo corazón y una sola alma (cf. Hechos 4:32). Para eso, a veces estará delante para indicar el camino y cuidar la esperanza del pueblo, otras veces estará simplemente en medio de todos con su cercanía sencilla y misericordiosa, y en ocasiones deberá caminar detrás del pueblo para ayudar a los rezagados y, sobre todo, porque el rebaño mismo tiene su olfato para encontrar nuevos caminos. En su misión de fomentar una comunión dinámica, abierta y misionera, tendrá que alentar y procurar la maduración de los mecanismos de participación que propone el *Código de Derecho Canónico*[34] y otras formas de diálogo pastoral, con el deseo de escuchar a todos y no sólo a algunos que le acaricien los oídos. Pero el objetivo de estos procesos participativos no será principalmente la organización eclesial, sino el sueño misionero de llegar a todos.

32. Dado que estoy llamado a vivir lo que pido a los demás, también debo pensar en una conversión del papado. Me corresponde, como Obispo de Roma, estar abierto a las sugerencias que se orienten a un ejercicio de mi ministerio que lo vuelva más fiel al sentido que Jesucristo quiso darle y a las necesidades actuales de la evangelización. El Papa Juan Pablo II pidió que se le ayudara a encontrar "una

forma del ejercicio del primado que, sin renunciar de ningún modo a lo esencial de su misión, se abra a una situación nueva".[35] Hemos avanzado poco en ese sentido. También el papado y las estructuras centrales de la Iglesia universal necesitan escuchar el llamado a una conversión pastoral. El Concilio Vaticano II expresó que, de modo análogo a las antiguas Iglesias patriarcales, las Conferencias episcopales pueden "desarrollar una obra múltiple y fecunda, a fin de que el afecto colegial tenga una aplicación concreta".[36] Pero este deseo no se realizó plenamente, por cuanto todavía no se ha explicitado suficientemente un estatuto de las Conferencias episcopales que las conciba como sujetos de atribuciones concretas, incluyendo también alguna auténtica autoridad doctrinal.[37] Una excesiva centralización, más que ayudar, complica la vida de la Iglesia y su dinámica misionera.

33. La pastoral en clave de misión pretende abandonar el cómodo criterio pastoral del "siempre se ha hecho así". Invito a todos a ser audaces y creativos en esta tarea de repensar los objetivos, las estructuras, el estilo y los métodos evangelizadores de las propias comunidades. Una postulación de los fines sin una adecuada búsqueda comunitaria de los medios para alcanzarlos está condenada a convertirse en mera fantasía. Exhorto a todos a aplicar con generosidad y valentía las orientaciones de este documento, sin prohibiciones ni miedos. Lo importante es no caminar solos, contar siempre con los hermanos y especialmente con la guía de los obispos, en un sabio y realista discernimiento pastoral.

III. DESDE EL CORAZÓN DEL EVANGELIO

34. Si pretendemos poner todo en clave misionera, esto también vale para el modo de comunicar el mensaje. En el mundo de hoy, con la velocidad de las comunicaciones y la selección interesada de contenidos que realizan los medios, el mensaje que anunciamos corre más que nunca el riesgo de aparecer mutilado y reducido a

algunos de sus aspectos secundarios. De ahí que algunas cuestiones que forman parte de la enseñanza moral de la Iglesia queden fuera del contexto que les da sentido. El problema mayor se produce cuando el mensaje que anunciamos aparece entonces identificado con esos aspectos secundarios que, sin dejar de ser importantes, por sí solos no manifiestan el corazón del mensaje de Jesucristo. Entonces conviene ser realistas y no dar por supuesto que nuestros interlocutores conocen el trasfondo completo de lo que decimos o que pueden conectar nuestro discurso con el núcleo esencial del Evangelio que le otorga sentido, hermosura y atractivo.

35. Una pastoral en clave misionera no se obsesiona por la transmisión desarticulada de una multitud de doctrinas que se intenta imponer a fuerza de insistencia. Cuando se asume un objetivo pastoral y un estilo misionero, que realmente llegue a todos sin excepciones ni exclusiones, el anuncio se concentra en lo esencial, que es lo más bello, lo más grande, lo más atractivo y al mismo tiempo lo más necesario. La propuesta se simplifica, sin perder por ello profundidad y verdad, y así se vuelve más contundente y radiante.

36. Todas las verdades reveladas proceden de la misma fuente divina y son creídas con la misma fe, pero algunas de ellas son más importantes por expresar más directamente el corazón del Evangelio. En este núcleo fundamental lo que resplandece es *la belleza del amor salvífico de Dios manifestado en Jesucristo muerto y resucitado*. En este sentido, el Concilio Vaticano II explicó que "hay un orden o "jerarquía" en las verdades en la doctrina católica, por ser diversa su conexión con el fundamento de la fe cristiana".[38] Esto vale tanto para los dogmas de fe como para el conjunto de las enseñanzas de la Iglesia, e incluso para la enseñanza moral.

37. Santo Tomás de Aquino enseñaba que en el mensaje moral de la Iglesia también hay una *jerarquía*, en las virtudes y en los actos que de ellas proceden.[39] Allí lo que cuenta es ante todo "la fe que

se hace activa por la caridad" (Gal 5:6). Las obras de amor al prójimo son la manifestación externa más perfecta de la gracia interior del Espíritu: "La principalidad de la ley nueva está en la gracia del Espíritu Santo, que se manifiesta en la fe que obra por el amor".[40] Por ello explica que, en cuanto al obrar exterior, la misericordia es la mayor de todas las virtudes: "En sí misma la misericordia es la más grande de las virtudes, ya que a ella pertenece volcarse en otros y, más aún, socorrer sus deficiencias. Esto es peculiar del superior, y por eso se tiene como propio de Dios tener misericordia, en la cual resplandece su omnipotencia de modo máximo".[41]

38. Es importante sacar las consecuencias pastorales de la enseñanza conciliar, que recoge una antigua convicción de la Iglesia. Ante todo hay que decir que en el anuncio del Evangelio es necesario que haya una adecuada proporción. Ésta se advierte en la frecuencia con la cual se mencionan algunos temas y en los acentos que se ponen en la predicación. Por ejemplo, si un párroco a lo largo de un año litúrgico habla diez veces sobre la templanza y sólo dos o tres veces sobre la caridad o la justicia, se produce una desproporción donde las que se ensombrecen son precisamente aquellas virtudes que deberían estar más presentes en la predicación y en la catequesis. Lo mismo sucede cuando se habla más de la ley que de la gracia, más de la Iglesia que de Jesucristo, más del Papa que de la Palabra de Dios.

39. Así como la organicidad entre las virtudes impide excluir alguna de ellas del ideal cristiano, ninguna verdad es negada. No hay que mutilar la integralidad del mensaje del Evangelio. Es más, cada verdad se comprende mejor si se la pone en relación con la armoniosa totalidad del mensaje cristiano, y en ese contexto todas las verdades tienen su importancia y se iluminan unas a otras. Cuando la predicación es fiel al Evangelio, se manifiesta con claridad la centralidad de algunas verdades y queda claro que la predicación moral cristiana no es una ética estoica, es más que una ascesis, no es una mera filosofía práctica ni un catálogo de pecados y errores. El Evangelio invita

ante todo a responder al Dios amante que nos salva, reconociéndolo en los demás y saliendo de nosotros mismos para buscar el bien de todos. ¡Esa invitación en ninguna circunstancia se debe ensombrecer! Todas las virtudes están al servicio de esta respuesta de amor. Si esa invitación no brilla con fuerza y atractivo, el edificio moral de la Iglesia corre el riesgo de convertirse en un castillo de naipes, y allí está nuestro peor peligro. Porque no será propiamente el Evangelio lo que se anuncie, sino algunos acentos doctrinales o morales que proceden de determinadas opciones ideológicas. El mensaje correrá el riesgo de perder su frescura y dejará de tener "olor a Evangelio".

IV. LA MISIÓN QUE SE ENCARNA EN LOS LÍMITES HUMANOS

40. La Iglesia, que es discípula misionera, necesita crecer en su interpretación de la Palabra revelada y en su comprensión de la verdad. La tarea de los exégetas y de los teólogos ayuda a "madurar el juicio de la Iglesia".[42] De otro modo también lo hacen las demás ciencias. Refiriéndose a las ciencias sociales, por ejemplo, Juan Pablo II ha dicho que la Iglesia presta atención a sus aportes "para sacar indicaciones concretas que le ayuden a desempeñar su misión de Magisterio".[43] Además, en el seno de la Iglesia hay innumerables cuestiones acerca de las cuales se investiga y se reflexiona con amplia libertad. Las distintas líneas de pensamiento filosófico, teológico y pastoral, si se dejan armonizar por el Espíritu en el respeto y el amor, también pueden hacer crecer a la Iglesia, ya que ayudan a explicitar mejor el riquísimo tesoro de la Palabra. A quienes sueñan con una doctrina monolítica defendida por todos sin matices, esto puede parecerles una imperfecta dispersión. Pero la realidad es que esa variedad ayuda a que se manifiesten y desarrollen mejor los diversos aspectos de la inagotable riqueza del Evangelio.[44]

41. Al mismo tiempo, los enormes y veloces cambios culturales requieren que prestemos una constante atención para intentar

expresar las verdades de siempre en un lenguaje que permita advertir su permanente novedad. Pues en el depósito de la doctrina cristiana "una cosa es la substancia . . . y otra la manera de formular su expresión".[45] A veces, escuchando un lenguaje completamente ortodoxo, lo que los fieles reciben, debido al lenguaje que ellos utilizan y comprenden, es algo que no responde al verdadero Evangelio de Jesucristo. Con la santa intención de comunicarles la verdad sobre Dios y sobre el ser humano, en algunas ocasiones les damos un falso dios o un ideal humano que no es verdaderamente cristiano. De ese modo, somos fieles a una formulación, pero no entregamos la substancia. Ése es el riesgo más grave. Recordemos que "la expresión de la verdad puede ser multiforme, y la renovación de las formas de expresión se hace necesaria para transmitir al hombre de hoy el mensaje evangélico en su inmutable significado".[46]

42. Esto tiene una gran incidencia en el anuncio del Evangelio si de verdad tenemos el propósito de que su belleza pueda ser mejor percibida y acogida por todos. De cualquier modo, nunca podremos convertir las enseñanzas de la Iglesia en algo fácilmente comprendido y felizmente valorado por todos. La fe siempre conserva un aspecto de cruz, alguna oscuridad que no le quita la firmeza de su adhesión. Hay cosas que sólo se comprenden y valoran desde esa adhesión que es hermana del amor, más allá de la claridad con que puedan percibirse las razones y argumentos. Por ello, cabe recordar que todo adoctrinamiento ha de situarse en la actitud evangelizadora que despierte la adhesión del corazón con la cercanía, el amor y el testimonio.

43. En su constante discernimiento, la Iglesia también puede llegar a reconocer costumbres propias no directamente ligadas al núcleo del Evangelio, algunas muy arraigadas a lo largo de la historia, que hoy ya no son interpretadas de la misma manera y cuyo mensaje no suele ser percibido adecuadamente. Pueden ser bellas, pero ahora no prestan el mismo servicio en orden a la transmisión del Evangelio. No tengamos miedo de revisarlas. Del mismo modo, hay normas o

preceptos eclesiales que pueden haber sido muy eficaces en otras épocas pero que ya no tienen la misma fuerza educativa como cauces de vida. Santo Tomás de Aquino destacaba que los preceptos dados por Cristo y los Apóstoles al Pueblo de Dios "son poquísimos".[47] Citando a san Agustín, advertía que los preceptos añadidos por la Iglesia posteriormente deben exigirse con moderación "para no hacer pesada la vida a los fieles" y convertir nuestra religión en una esclavitud, cuando "la misericordia de Dios quiso que fuera libre".[48] Esta advertencia, hecha varios siglos atrás, tiene una tremenda actualidad. Debería ser uno de los criterios a considerar a la hora de pensar una reforma de la Iglesia y de su predicación que permita realmente llegar a todos.

44. Por otra parte, tanto los Pastores como todos los fieles que acompañen a sus hermanos en la fe o en un camino de apertura a Dios, no pueden olvidar lo que con tanta claridad enseña el *Catecismo de la Iglesia Católica*: "La imputabilidad y la responsabilidad de una acción pueden quedar disminuidas e incluso suprimidas a causa de la ignorancia, la inadvertencia, la violencia, el temor, los hábitos, los afectos desordenados y otros factores psíquicos o sociales".[49]

Por lo tanto, sin disminuir el valor del ideal evangélico, hay que acompañar con misericordia y paciencia las etapas posibles de crecimiento de las personas que se van construyendo día a día.[50] A los sacerdotes les recuerdo que el confesionario no debe ser una sala de torturas sino el lugar de la misericordia del Señor que nos estimula a hacer el bien posible. Un pequeño paso, en medio de grandes límites humanos, puede ser más agradable a Dios que la vida exteriormente correcta de quien transcurre sus días sin enfrentar importantes dificultades. A todos debe llegar el consuelo y el estímulo del amor salvífico de Dios, que obra misteriosamente en cada persona, más allá de sus defectos y caídas.

45. Vemos así que la tarea evangelizadora se mueve entre los límites del lenguaje y de las circunstancias. Procura siempre comunicar

mejor la verdad del Evangelio en un contexto determinado, sin renunciar a la verdad, al bien y a la luz que pueda aportar cuando la perfección no es posible. Un corazón misionero sabe de esos límites y se hace "débil con los débiles . . . todo para todos" (1 Cor 9:22). Nunca se encierra, nunca se repliega en sus seguridades, nunca opta por la rigidez autodefensiva. Sabe que él mismo tiene que crecer en la comprensión del Evangelio y en el discernimiento de los senderos del Espíritu, y entonces no renuncia al bien posible, aunque corra el riesgo de mancharse con el barro del camino.

V. UNA MADRE DE CORAZÓN ABIERTO

46. La Iglesia "en salida" es una Iglesia con las puertas abiertas. Salir hacia los demás para llegar a las periferias humanas no implica correr hacia el mundo sin rumbo y sin sentido. Muchas veces es más bien detener el paso, dejar de lado la ansiedad para mirar a los ojos y escuchar, o renunciar a las urgencias para acompañar al que se quedó al costado del camino. A veces es como el padre del hijo pródigo, que se queda con las puertas abiertas para que, cuando regrese, pueda entrar sin dificultad.

47. La Iglesia está llamada a ser siempre la casa abierta del Padre. Uno de los signos concretos de esa apertura es tener templos con las puertas abiertas en todas partes. De ese modo, si alguien quiere seguir una moción del Espíritu y se acerca buscando a Dios, no se encontrará con la frialdad de unas puertas cerradas. Pero hay otras puertas que tampoco se deben cerrar. Todos pueden participar de alguna manera en la vida eclesial, todos pueden integrar la comunidad, y tampoco las puertas de los sacramentos deberían cerrarse por una razón cualquiera. Esto vale sobre todo cuando se trata de ese sacramento que es "la puerta", el Bautismo. La Eucaristía, si bien constituye la plenitud de la vida sacramental, no es un premio para los perfectos sino un generoso remedio y un alimento para los débiles.[51] Estas convicciones también tienen consecuencias

pastorales que estamos llamados a considerar con prudencia y audacia. A menudo nos comportamos como controladores de la gracia y no como facilitadores. Pero la Iglesia no es una aduana, es la casa paterna donde hay lugar para cada uno con su vida a cuestas.

48. Si la Iglesia entera asume este dinamismo misionero, debe llegar a todos, sin excepciones. Pero ¿a quiénes debería privilegiar? Cuando uno lee el Evangelio, se encuentra con una orientación contundente: no tanto a los amigos y vecinos ricos sino sobre todo a los pobres y enfermos, a esos que suelen ser despreciados y olvidados, a aquellos que "no tienen con qué recompensarte" (Lc 14:14). No deben quedar dudas ni caben explicaciones que debiliten este mensaje tan claro. Hoy y siempre, "los pobres son los destinatarios privilegiados del Evangelio",[52] y la evangelización dirigida gratuitamente a ellos es signo del Reino que Jesús vino a traer. Hay que decir sin vueltas que existe un vínculo inseparable entre nuestra fe y los pobres. Nunca los dejemos solos.

49. Salgamos, salgamos a ofrecer a todos la vida de Jesucristo. Repito aquí para toda la Iglesia lo que muchas veces he dicho a los sacerdotes y laicos de Buenos Aires: prefiero una Iglesia accidentada, herida y manchada por salir a la calle, antes que una Iglesia enferma por el encierro y la comodidad de aferrarse a las propias seguridades. No quiero una Iglesia preocupada por ser el centro y que termine clausurada en una maraña de obsesiones y procedimientos. Si algo debe inquietarnos santamente y preocupar nuestra conciencia, es que tantos hermanos nuestros vivan sin la fuerza, la luz y el consuelo de la amistad con Jesucristo, sin una comunidad de fe que los contenga, sin un horizonte de sentido y de vida. Más que el temor a equivocarnos, espero que nos mueva el temor a encerrarnos en las estructuras que nos dan una falsa contención, en las normas que nos vuelven jueces implacables, en las costumbres donde nos sentimos tranquilos, mientras afuera hay una multitud hambrienta y Jesús nos repite sin cansarse: "¡Dadles vosotros de comer!" (Mc 6:37).

CAPÍTULO SEGUNDO
En la crisis del compromiso comunitario

50. Antes de hablar acerca de algunas cuestiones fundamentales relacionadas con la acción evangelizadora, conviene recordar brevemente cuál es el contexto en el cual nos toca vivir y actuar. Hoy suele hablarse de un "exceso de diagnóstico" que no siempre está acompañado de propuestas superadoras y realmente aplicables. Por otra parte, tampoco nos serviría una mirada puramente sociológica, que podría tener pretensiones de abarcar toda la realidad con su metodología de una manera supuestamente neutra y aséptica. Lo que quiero ofrecer va más bien en la línea de un *discernimiento evangélico*. Es la mirada del discípulo misionero, que se "alimenta a la luz y con la fuerza del Espíritu Santo".[53]

51. No es función del Papa ofrecer un análisis detallado y completo sobre la realidad contemporánea, pero aliento a todas las comunidades a una "siempre vigilante capacidad de estudiar los signos de los tiempos".[54] Se trata de una responsabilidad grave, ya que algunas realidades del presente, si no son bien resueltas, pueden desencadenar procesos de deshumanización difíciles de revertir más adelante. Es preciso esclarecer aquello que pueda ser un fruto del Reino y también aquello que atenta contra el proyecto de Dios. Esto implica no sólo reconocer e interpretar las mociones del buen espíritu y del malo, sino —y aquí radica lo decisivo— elegir las del buen espíritu y rechazar las del malo. Doy por supuestos los diversos análisis que ofrecieron otros documentos del Magisterio universal, así como los que han propuesto los episcopados regionales y nacionales. En esta Exhortación sólo pretendo detenerme brevemente, con una mirada

pastoral, en algunos aspectos de la realidad que pueden detener o debilitar los dinamismos de renovación misionera de la Iglesia, sea porque afectan a la vida y a la dignidad del Pueblo de Dios, sea porque inciden también en los sujetos que participan de un modo más directo en las instituciones eclesiales y en tareas evangelizadoras.

I. ALGUNOS DESAFÍOS DEL MUNDO ACTUAL

52. La humanidad vive en este momento un giro histórico, que podemos ver en los adelantos que se producen en diversos campos. Son de alabar los avances que contribuyen al bienestar de la gente, como, por ejemplo, en el ámbito de la salud, de la educación y de la comunicación. Sin embargo, no podemos olvidar que la mayoría de los hombres y mujeres de nuestro tiempo vive precariamente el día a día, con consecuencias funestas. Algunas patologías van en aumento. El miedo y la desesperación se apoderan del corazón de numerosas personas, incluso en los llamados países ricos. La alegría de vivir frecuentemente se apaga, la falta de respeto y la violencia crecen, la inequidad es cada vez más patente. Hay que luchar para vivir y, a menudo, para vivir con poca dignidad. Este cambio de época se ha generado por los enormes saltos cualitativos, cuantitativos, acelerados y acumulativos que se dan en el desarrollo científico, en las innovaciones tecnológicas y en sus veloces aplicaciones en distintos campos de la naturaleza y de la vida. Estamos en la era del conocimiento y la información, fuente de nuevas formas de un poder muchas veces anónimo.

No a una economía
de la exclusión

53. Así como el mandamiento de "no matar" pone un límite claro para asegurar el valor de la vida humana, hoy tenemos que decir "no a una economía de la exclusión y la inequidad". Esa economía mata. No puede ser que no sea noticia que muere de frío un

anciano en situación de calle y que sí lo sea una caída de dos puntos en la bolsa. Eso es exclusión. No se puede tolerar más que se tire comida cuando hay gente que pasa hambre. Eso es inequidad. Hoy todo entra dentro del juego de la competitividad y de la ley del más fuerte, donde el poderoso se come al más débil. Como consecuencia de esta situación, grandes masas de la población se ven excluidas y marginadas: sin trabajo, sin horizontes, sin salida. Se considera al ser humano en sí mismo como un bien de consumo, que se puede usar y luego tirar. Hemos dado inicio a la cultura del "descarte" que, además, se promueve. Ya no se trata simplemente del fenómeno de la explotación y de la opresión, sino de algo nuevo: con la exclusión queda afectada en su misma raíz la pertenencia a la sociedad en la que se vive, pues ya no se está en ella abajo, en la periferia, o sin poder, sino que se está fuera. Los excluidos no son "explotados" sino desechos, "sobrantes".

54. En este contexto, algunos todavía defienden las teorías del "derrame", que suponen que todo crecimiento económico, favorecido por la libertad de mercado, logra provocar por sí mismo mayor equidad e inclusión social en el mundo. Esta opinión, que jamás ha sido confirmada por los hechos, expresa una confianza burda e ingenua en la bondad de quienes detentan el poder económico y en los mecanismos sacralizados del sistema económico imperante. Mientras tanto, los excluidos siguen esperando. Para poder sostener un estilo de vida que excluye a otros, o para poder entusiasmarse con ese ideal egoísta, se ha desarrollado una globalización de la indiferencia. Casi sin advertirlo, nos volvemos incapaces de compadecernos ante los clamores de los otros, ya no lloramos ante el drama de los demás ni nos interesa cuidarlos, como si todo fuera una responsabilidad ajena que no nos incumbe. La cultura del bienestar nos anestesia y perdemos la calma si el mercado ofrece algo que todavía no hemos comprado, mientras todas esas vidas truncadas por falta de posibilidades nos parecen un mero espectáculo que de ninguna manera nos altera.

No a la nueva
idolatría del dinero

55. Una de las causas de esta situación se encuentra en la relación que hemos establecido con el dinero, ya que aceptamos pacíficamente su predominio sobre nosotros y nuestras sociedades. La crisis financiera que atravesamos nos hace olvidar que en su origen hay una profunda crisis antropológica: ¡la negación de la primacía del ser humano! Hemos creado nuevos ídolos. La adoración del antiguo becerro de oro (cf. Ex 32:1-35) ha encontrado una versión nueva y despiadada en el fetichismo del dinero y en la dictadura de la economía sin un rostro y sin un objetivo verdaderamente humano. La crisis mundial, que afecta a las finanzas y a la economía, pone de manifiesto sus desequilibrios y, sobre todo, la grave carencia de su orientación antropológica que reduce al ser humano a una sola de sus necesidades: el consumo.

56. Mientras las ganancias de unos pocos crecen exponencialmente, las de la mayoría se quedan cada vez más lejos del bienestar de esa minoría feliz. Este desequilibrio proviene de ideologías que defienden la autonomía absoluta de los mercados y la especulación financiera. De ahí que nieguen el derecho de control de los Estados, encargados de velar por el bien común. Se instaura una nueva tiranía invisible, a veces virtual, que impone, de forma unilateral e implacable, sus leyes y sus reglas. Además, la deuda y sus intereses alejan a los países de las posibilidades viables de su economía y a los ciudadanos de su poder adquisitivo real. A todo ello se añade una corrupción ramificada y una evasión fiscal egoísta, que han asumido dimensiones mundiales. El afán de poder y de tener no conoce límites. En este sistema, que tiende a fagocitarlo todo en orden a acrecentar beneficios, cualquier cosa que sea frágil, como el medio ambiente, queda indefensa ante los intereses del mercado divinizado, convertidos en regla absoluta.

No a un dinero que gobierna en lugar de servir

57. Tras esta actitud se esconde el rechazo de la ética y el rechazo de Dios. La ética suele ser mirada con cierto desprecio burlón. Se considera contraproducente, demasiado humana, porque relativiza el dinero y el poder. Se la siente como una amenaza, pues condena la manipulación y la degradación de la persona. En definitiva, la ética lleva a un Dios que espera una respuesta comprometida que está fuera de las categorías del mercado. Para éstas, si son absolutizadas, Dios es incontrolable, inmanejable, incluso peligroso, por llamar al ser humano a su plena realización y a la independencia de cualquier tipo de esclavitud. La ética —una ética no ideologizada— permite crear un equilibrio y un orden social más humano. En este sentido, animo a los expertos financieros y a los gobernantes de los países a considerar las palabras de un sabio de la antigüedad: "No compartir con los pobres los propios bienes es robarles y quitarles la vida. No son nuestros los bienes que tenemos, sino suyos".[55]

58. Una reforma financiera que no ignore la ética requeriría un cambio de actitud enérgico por parte de los dirigentes políticos, a quienes exhorto a afrontar este reto con determinación y visión de futuro, sin ignorar, por supuesto, la especificidad de cada contexto. ¡El dinero debe servir y no gobernar! El Papa ama a todos, ricos y pobres, pero tiene la obligación, en nombre de Cristo, de recordar que los ricos deben ayudar a los pobres, respetarlos, promocionarlos. Os exhorto a la solidaridad desinteresada y a una vuelta de la economía y las finanzas a una ética en favor del ser humano.

No a la inequidad que genera violencia

59. Hoy en muchas partes se reclama mayor seguridad. Pero hasta que no se reviertan la exclusión y la inequidad dentro de una sociedad

y entre los distintos pueblos será imposible erradicar la violencia. Se acusa de la violencia a los pobres y a los pueblos pobres pero, sin igualdad de oportunidades, las diversas formas de agresión y de guerra encontrarán un caldo de cultivo que tarde o temprano provocará su explosión. Cuando la sociedad —local, nacional o mundial— abandona en la periferia una parte de sí misma, no habrá programas políticos ni recursos policiales o de inteligencia que puedan asegurar indefinidamente la tranquilidad. Esto no sucede solamente porque la inequidad provoca la reacción violenta de los excluidos del sistema, sino porque el sistema social y económico es injusto en su raíz. Así como el bien tiende a comunicarse, el mal consentido, que es la injusticia, tiende a expandir su potencia dañina y a socavar silenciosamente las bases de cualquier sistema político y social por más sólido que parezca. Si cada acción tiene consecuencias, un mal enquistado en las estructuras de una sociedad tiene siempre un potencial de disolución y de muerte. Es el mal cristalizado en estructuras sociales injustas, a partir del cual no puede esperarse un futuro mejor. Estamos lejos del llamado "fin de la historia", ya que las condiciones de un desarrollo sostenible y en paz todavía no están adecuadamente planteadas y realizadas.

60. Los mecanismos de la economía actual promueven una exacerbación del consumo, pero resulta que el consumismo desenfrenado unido a la inequidad es doblemente dañino del tejido social. Así la inequidad genera tarde o temprano una violencia que las carreras armamentistas no resuelven ni resolverán jamás. Sólo sirven para pretender engañar a los que reclaman mayor seguridad, como si hoy no supiéramos que las armas y la represión violenta, más que aportar soluciones, crean nuevos y peores conflictos. Algunos simplemente se regodean culpando a los pobres y a los países pobres de sus propios males, con indebidas generalizaciones, y pretenden encontrar la solución en una "educación" que los tranquilice y los convierta en seres domesticados e inofensivos. Esto se vuelve todavía más irritante si los excluidos ven crecer ese cáncer social que es

la corrupción profundamente arraigada en muchos países —en sus gobiernos, empresarios e instituciones— cualquiera que sea la ideología política de los gobernantes.

Algunos desafíos culturales

61. Evangelizamos también cuando tratamos de afrontar los diversos desafíos que puedan presentarse.[56] A veces éstos se manifiestan en verdaderos ataques a la libertad religiosa o en nuevas situaciones de persecución a los cristianos, las cuales en algunos países han alcanzado niveles alarmantes de odio y violencia. En muchos lugares se trata más bien de una difusa indiferencia relativista, relacionada con el desencanto y la crisis de las ideologías que se provocó como reacción contra todo lo que parezca totalitario. Esto no perjudica sólo a la Iglesia, sino a la vida social en general. Reconozcamos que una cultura, en la cual cada uno quiere ser el portador de una propia verdad subjetiva, vuelve difícil que los ciudadanos deseen integrar un proyecto común más allá de los beneficios y deseos personales.

62. En la cultura predominante, el primer lugar está ocupado por lo exterior, lo inmediato, lo visible, lo rápido, lo superficial, lo provisorio. Lo real cede el lugar a la apariencia. En muchos países, la globalización ha significado un acelerado deterioro de las raíces culturales con la invasión de tendencias pertenecientes a otras culturas, económicamente desarrolladas pero éticamente debilitadas. Así lo han manifestado en distintos Sínodos los Obispos de varios continentes. Los Obispos africanos, por ejemplo, retomando la Encíclica *Sollicitudo rei socialis*, señalaron años atrás que muchas veces se quiere convertir a los países de África en simples "piezas de un mecanismo y de un engranaje gigantesco. Esto sucede a menudo en el campo de los medios de comunicación social, los cuales, al estar dirigidos mayormente por centros de la parte Norte del mundo, no siempre tienen en la debida consideración las prioridades y los problemas propios de estos países, ni respetan su fisonomía

cultural".⁵⁷ Igualmente, los Obispos de Asia "subrayaron los influjos que desde el exterior se ejercen sobre las culturas asiáticas. Están apareciendo nuevas formas de conducta, que son resultado de una excesiva exposición a los medios de comunicación social . . . Eso tiene como consecuencia que los aspectos negativos de las industrias de los medios de comunicación y de entretenimiento ponen en peligro los valores tradicionales".⁵⁸

63. La fe católica de muchos pueblos se enfrenta hoy con el desafío de la proliferación de nuevos movimientos religiosos, algunos tendientes al fundamentalismo y otros que parecen proponer una espiritualidad sin Dios. Esto es, por una parte, el resultado de una reacción humana frente a la sociedad materialista, consumista e individualista y, por otra parte, un aprovechamiento de las carencias de la población que vive en las periferias y zonas empobrecidas, que sobrevive en medio de grandes dolores humanos y busca soluciones inmediatas para sus necesidades. Estos movimientos religiosos, que se caracterizan por su sutil penetración, vienen a llenar, dentro del individualismo imperante, un vacío dejado por el racionalismo secularista. Además, es necesario que reconozcamos que, si parte de nuestro pueblo bautizado no experimenta su pertenencia a la Iglesia, se debe también a la existencia de unas estructuras y a un clima poco acogedores en algunas de nuestras parroquias y comunidades, o a una actitud burocrática para dar respuesta a los problemas, simples o complejos, de la vida de nuestros pueblos. En muchas partes hay un predominio de lo administrativo sobre lo pastoral, así como una sacramentalización sin otras formas de evangelización.

64. El proceso de secularización tiende a reducir la fe y la Iglesia al ámbito de lo privado y de lo íntimo. Además, al negar toda trascendencia, ha producido una creciente deformación ética, un debilitamiento del sentido del pecado personal y social y un progresivo aumento del relativismo, que ocasionan una desorientación generalizada, especialmente en la etapa de la adolescencia y la juventud,

tan vulnerable a los cambios. Como bien indican los Obispos de Estados Unidos de América, mientras la Iglesia insiste en la existencia de normas morales objetivas, válidas para todos, "hay quienes presentan esta enseñanza como injusta, esto es, como opuesta a los derechos humanos básicos. Tales alegatos suelen provenir de una forma de relativismo moral que está unida, no sin inconsistencia, a una creencia en los derechos absolutos de los individuos. En este punto de vista se percibe a la Iglesia como si promoviera un prejuicio particular y como si interfiriera con la libertad individual".[59] Vivimos en una sociedad de la información que nos satura indiscriminadamente de datos, todos en el mismo nivel, y termina llevándonos a una tremenda superficialidad a la hora de plantear las cuestiones morales. Por consiguiente, se vuelve necesaria una educación que enseñe a pensar críticamente y que ofrezca un camino de maduración en valores.

65. A pesar de toda la corriente secularista que invade las sociedades, en muchos países —aun donde el cristianismo es minoría— la Iglesia católica es una institución creíble ante la opinión pública, confiable en lo que respecta al ámbito de la solidaridad y de la preocupación por los más carenciados. En repetidas ocasiones ha servido de mediadora en favor de la solución de problemas que afectan a la paz, la concordia, la tierra, la defensa de la vida, los derechos humanos y ciudadanos, etc. ¡Y cuánto aportan las escuelas y universidades católicas en todo el mundo! Es muy bueno que así sea. Pero nos cuesta mostrar que, cuando planteamos otras cuestiones que despiertan menor aceptación pública, lo hacemos por fidelidad a las mismas convicciones sobre la dignidad humana y el bien común.

66. La familia atraviesa una crisis cultural profunda, como todas las comunidades y vínculos sociales. En el caso de la familia, la fragilidad de los vínculos se vuelve especialmente grave porque se trata de la célula básica de la sociedad, el lugar donde se aprende a convivir en la diferencia y a pertenecer a otros, y donde los padres transmiten

la fe a sus hijos. El matrimonio tiende a ser visto como una mera forma de gratificación afectiva que puede constituirse de cualquier manera y modificarse de acuerdo con la sensibilidad de cada uno. Pero el aporte indispensable del matrimonio a la sociedad supera el nivel de la emotividad y el de las necesidades circunstanciales de la pareja. Como enseñan los Obispos franceses, no procede "del sentimiento amoroso, efímero por definición, sino de la profundidad del compromiso asumido por los esposos que aceptan entrar en una unión de vida total".[60]

67. El individualismo posmoderno y globalizado favorece un estilo de vida que debilita el desarrollo y la estabilidad de los vínculos entre las personas, y que desnaturaliza los vínculos familiares. La acción pastoral debe mostrar mejor todavía que la relación con nuestro Padre exige y alienta una comunión que sane, promueva y afiance los vínculos interpersonales. Mientras en el mundo, especialmente en algunos países, reaparecen diversas formas de guerras y enfrentamientos, los cristianos insistimos en nuestra propuesta de reconocer al otro, de sanar las heridas, de construir puentes, de estrechar lazos y de ayudarnos "mutuamente a llevar las cargas" (Gal 6:2). Por otra parte, hoy surgen muchas formas de asociación para la defensa de derechos y para la consecución de nobles objetivos. Así se manifiesta una sed de participación de numerosos ciudadanos que quieren ser constructores del desarrollo social y cultural.

Desafíos de la inculturación
de la fe

68. El substrato cristiano de algunos pueblos —sobre todo occidentales— es una realidad viva. Allí encontramos, especialmente en los más necesitados, una reserva moral que guarda valores de auténtico humanismo cristiano. Una mirada de fe sobre la realidad no puede dejar de reconocer lo que siembra el Espíritu Santo. Sería desconfiar de su acción libre y generosa pensar que no hay auténticos

valores cristianos donde una gran parte de la población ha recibido el Bautismo y expresa su fe y su solidaridad fraterna de múltiples maneras. Allí hay que reconocer mucho más que unas "semillas del Verbo", ya que se trata de una auténtica fe católica con modos propios de expresión y de pertenencia a la Iglesia. No conviene ignorar la tremenda importancia que tiene una cultura marcada por la fe, porque esa cultura evangelizada, más allá de sus límites, tiene muchos más recursos que una mera suma de creyentes frente a los embates del secularismo actual. Una cultura popular evangelizada contiene valores de fe y de solidaridad que pueden provocar el desarrollo de una sociedad más justa y creyente, y posee una sabiduría peculiar que hay que saber reconocer con una mirada agradecida.

69. Es imperiosa la necesidad de evangelizar las culturas para inculturar el Evangelio. En los países de tradición católica se tratará de acompañar, cuidar y fortalecer la riqueza que ya existe, y en los países de otras tradiciones religiosas o profundamente secularizados se tratará de procurar nuevos procesos de evangelización de la cultura, aunque supongan proyectos a muy largo plazo. No podemos, sin embargo, desconocer que siempre hay un llamado al crecimiento. Toda cultura y todo grupo social necesitan purificación y maduración. En el caso de las culturas populares de pueblos católicos, podemos reconocer algunas debilidades que todavía deben ser sanadas por el Evangelio: el machismo, el alcoholismo, la violencia doméstica, una escasa participación en la Eucaristía, creencias fatalistas o supersticiosas que hacen recurrir a la brujería, etc. Pero es precisamente la piedad popular el mejor punto de partida para sanarlas y liberarlas.

70. También es cierto que a veces el acento, más que en el impulso de la piedad cristiana, se coloca en formas exteriores de tradiciones de ciertos grupos, o en supuestas revelaciones privadas que se absolutizan. Hay cierto cristianismo de devociones, propio de una vivencia individual y sentimental de la fe, que en realidad no responde a una

auténtica "piedad popular". Algunos promueven estas expresiones sin preocuparse por la promoción social y la formación de los fieles, y en ciertos casos lo hacen para obtener beneficios económicos o algún poder sobre los demás. Tampoco podemos ignorar que en las últimas décadas se ha producido una ruptura en la transmisión generacional de la fe cristiana en el pueblo católico. Es innegable que muchos se sienten desencantados y dejan de identificarse con la tradición católica, que son más los padres que no bautizan a sus hijos y no les enseñan a rezar, y que hay un cierto éxodo hacia otras comunidades de fe. Algunas causas de esta ruptura son: la falta de espacios de diálogo familiar, la influencia de los medios de comunicación, el subjetivismo relativista, el consumismo desenfrenado que alienta el mercado, la falta de acompañamiento pastoral a los más pobres, la ausencia de una acogida cordial en nuestras instituciones, y nuestra dificultad para recrear la adhesión mística de la fe en un escenario religioso plural.

Desafíos de las culturas urbanas

71. La nueva Jerusalén, la Ciudad santa (cf. Ap 21:2-4), es el destino hacia donde peregrina toda la humanidad. Es llamativo que la revelación nos diga que la plenitud de la humanidad y de la historia se realiza en una ciudad. Necesitamos reconocer la ciudad desde una mirada contemplativa, esto es, una mirada de fe que descubra al Dios que habita en sus hogares, en sus calles, en sus plazas. La presencia de Dios acompaña las búsquedas sinceras que personas y grupos realizan para encontrar apoyo y sentido a sus vidas. Él vive entre los ciudadanos promoviendo la solidaridad, la fraternidad, el deseo de bien, de verdad, de justicia. Esa presencia no debe ser fabricada sino descubierta, develada. Dios no se oculta a aquellos que lo buscan con un corazón sincero, aunque lo hagan a tientas, de manera imprecisa y difusa.

72. En la ciudad, lo religioso está mediado por diferentes estilos de vida, por costumbres asociadas a un sentido de lo temporal, de lo territorial y de las relaciones, que difiere del estilo de los habitantes rurales. En sus vidas cotidianas los ciudadanos muchas veces luchan por sobrevivir, y en esas luchas se esconde un sentido profundo de la existencia que suele entrañar también un hondo sentido religioso. Necesitamos contemplarlo para lograr un diálogo como el que el Señor desarrolló con la samaritana, junto al pozo, donde ella buscaba saciar su sed (cf. Jn 4:7-26).

73. Nuevas culturas continúan gestándose en estas enormes geografías humanas en las que el cristiano ya no suele ser promotor o generador de sentido, sino que recibe de ellas otros lenguajes, símbolos, mensajes y paradigmas que ofrecen nuevas orientaciones de vida, frecuentemente en contraste con el Evangelio de Jesús. Una cultura inédita late y se elabora en la ciudad. El Sínodo ha constatado que hoy las transformaciones de esas grandes áreas y la cultura que expresan son un lugar privilegiado de la nueva evangelización.[61]

Esto requiere imaginar espacios de oración y de comunión con características novedosas, más atractivas y significativas para los habitantes urbanos. Los ambientes rurales, por la influencia de los medios de comunicación de masas, no están ajenos a estas transformaciones culturales que también operan cambios significativos en sus modos de vida.

74. Se impone una evangelización que ilumine los nuevos modos de relación con Dios, con los otros y con el espacio, y que suscite los valores fundamentales. Es necesario llegar allí donde se gestan los nuevos relatos y paradigmas, alcanzar con la Palabra de Jesús los núcleos más profundos del alma de las ciudades. No hay que olvidar que la ciudad es un ámbito multicultural. En las grandes urbes puede observarse un entramado en el que grupos de personas comparten las mismas formas de soñar la vida y similares imaginarios y se constituyen en nuevos sectores humanos, en territorios culturales, en

ciudades invisibles. Variadas formas culturales conviven de hecho, pero ejercen muchas veces prácticas de segregación y de violencia. La Iglesia está llamada a ser servidora de un difícil diálogo. Por otra parte, aunque hay ciudadanos que consiguen los medios adecuados para el desarrollo de la vida personal y familiar, son muchísimos los "no ciudadanos", los "ciudadanos a medias" o los "sobrantes urbanos". La ciudad produce una suerte de permanente ambivalencia, porque, al mismo tiempo que ofrece a sus ciudadanos infinitas posibilidades, también aparecen numerosas dificultades para el pleno desarrollo de la vida de muchos. Esta contradicción provoca sufrimientos lacerantes. En muchos lugares del mundo, las ciudades son escenarios de protestas masivas donde miles de habitantes reclaman libertad, participación, justicia y diversas reivindicaciones que, si no son adecuadamente interpretadas, no podrán acallarse por la fuerza.

75. No podemos ignorar que en las ciudades fácilmente se desarrollan el tráfico de drogas y de personas, el abuso y la explotación de menores, el abandono de ancianos y enfermos, varias formas de corrupción y de crimen. Al mismo tiempo, lo que podría ser un precioso espacio de encuentro y solidaridad, frecuentemente se convierte en el lugar de la huida y de la desconfianza mutua. Las casas y los barrios se construyen más para aislar y proteger que para conectar e integrar. La proclamación del Evangelio será una base para restaurar la dignidad de la vida humana en esos contextos, porque Jesús quiere derramar en las ciudades vida en abundancia (cf. Jn 10:10). El sentido unitario y completo de la vida humana que propone el Evangelio es el mejor remedio para los males urbanos, aunque debamos advertir que un programa y un estilo uniforme e inflexible de evangelización no son aptos para esta realidad. Pero vivir a fondo lo humano e introducirse en el corazón de los desafíos como fermento testimonial, en cualquier cultura, en cualquier ciudad, mejora al cristiano y fecunda la ciudad.

II. TENTACIONES DE LOS AGENTES PASTORALES

76. Siento una enorme gratitud por la tarea de todos los que trabajan en la Iglesia. No quiero detenerme ahora a exponer las actividades de los diversos agentes pastorales, desde los obispos hasta el más sencillo y desconocido de los servicios eclesiales. Me gustaría más bien reflexionar acerca de los desafíos que todos ellos enfrentan en medio de la actual cultura globalizada. Pero tengo que decir, en primer lugar y como deber de justicia, que el aporte de la Iglesia en el mundo actual es enorme. Nuestro dolor y nuestra vergüenza por los pecados de algunos miembros de la Iglesia, y por los propios, no deben hacer olvidar cuántos cristianos dan la vida por amor: ayudan a tanta gente a curarse o a morir en paz en precarios hospitales, o acompañan personas esclavizadas por diversas adicciones en los lugares más pobres de la tierra, o se desgastan en la educación de niños y jóvenes, o cuidan ancianos abandonados por todos, o tratan de comunicar valores en ambientes hostiles, o se entregan de muchas otras maneras que muestran ese inmenso amor a la humanidad que nos ha inspirado el Dios hecho hombre. Agradezco el hermoso ejemplo que me dan tantos cristianos que ofrecen su vida y su tiempo con alegría. Ese testimonio me hace mucho bien y me sostiene en mi propio deseo de superar el egoísmo para entregarme más.

77. No obstante, como hijos de esta época, todos nos vemos afectados de algún modo por la cultura globalizada actual que, sin dejar de mostrarnos valores y nuevas posibilidades, también puede limitarnos, condicionarnos e incluso enfermarnos. Reconozco que necesitamos crear espacios motivadores y sanadores para los agentes pastorales, "lugares donde regenerar la propia fe en Jesús crucificado y resucitado, donde compartir las propias preguntas más profundas y las preocupaciones cotidianas, donde discernir en profundidad con criterios evangélicos sobre la propia existencia y experiencia, con la finalidad de orientar al bien y a la belleza las propias elecciones

individuales y sociales".[62] Al mismo tiempo, quiero llamar la atención sobre algunas tentaciones que particularmente hoy afectan a los agentes pastorales.

Sí al desafío de una espiritualidad misionera

78. Hoy se puede advertir en muchos agentes pastorales, incluso en personas consagradas, una preocupación exacerbada por los espacios personales de autonomía y de distensión, que lleva a vivir las tareas como un mero apéndice de la vida, como si no fueran parte de la propia identidad. Al mismo tiempo, la vida espiritual se confunde con algunos momentos religiosos que brindan cierto alivio pero que no alimentan el encuentro con los demás, el compromiso en el mundo, la pasión evangelizadora. Así, pueden advertirse en muchos agentes evangelizadores, aunque oren, una acentuación del *individualismo*, una *crisis de identidad* y una *caída del fervor*. Son tres males que se alimentan entre sí.

79. La cultura mediática y algunos ambientes intelectuales a veces transmiten una marcada desconfianza hacia el mensaje de la Iglesia y un cierto desencanto. Como consecuencia, aunque recen, muchos agentes pastorales desarrollan una especie de complejo de inferioridad que les lleva a relativizar u ocultar su identidad cristiana y sus convicciones. Se produce entonces un círculo vicioso, porque así no son felices con lo que son y con lo que hacen, no se sienten identificados con su misión evangelizadora, y esto debilita la entrega. Terminan ahogando su alegría misionera en una especie de obsesión por ser como todos y por tener lo que poseen los demás. Así, las tareas evangelizadoras se vuelven forzadas y se dedican a ellas pocos esfuerzos y un tiempo muy limitado.

80. Se desarrolla en los agentes pastorales, más allá del estilo espiritual o la línea de pensamiento que puedan tener, un relativismo

todavía más peligroso que el doctrinal. Tiene que ver con las opciones más profundas y sinceras que determinan una forma de vida. Este relativismo práctico es actuar como si Dios no existiera, decidir como si los pobres no existieran, soñar como si los demás no existieran, trabajar como si quienes no recibieron el anuncio no existieran. Llama la atención que aun quienes aparentemente poseen sólidas convicciones doctrinales y espirituales suelen caer en un estilo de vida que los lleva a aferrarse a seguridades económicas, o a espacios de poder y de gloria humana que se procuran por cualquier medio, en lugar de dar la vida por los demás en la misión. ¡No nos dejemos robar el entusiasmo misionero!

No a la acedia egoísta

81. Cuando más necesitamos un dinamismo misionero que lleve sal y luz al mundo, muchos laicos sienten el temor de que alguien les invite a realizar alguna tarea apostólica, y tratan de escapar de cualquier compromiso que les pueda quitar su tiempo libre. Hoy se ha vuelto muy difícil, por ejemplo, conseguir catequistas capacitados para las parroquias y que perseveren en la tarea durante varios años. Pero algo semejante sucede con los sacerdotes, que cuidan con obsesión su tiempo personal. Esto frecuentemente se debe a que las personas necesitan imperiosamente preservar sus espacios de autonomía, como si una tarea evangelizadora fuera un veneno peligroso y no una alegre respuesta al amor de Dios que nos convoca a la misión y nos vuelve plenos y fecundos. Algunos se resisten a probar hasta el fondo el gusto de la misión y quedan sumidos en una acedia paralizante.

82. El problema no es siempre el exceso de actividades, sino sobre todo las actividades mal vividas, sin las motivaciones adecuadas, sin una espiritualidad que impregne la acción y la haga deseable. De ahí que las tareas cansen más de lo razonable, y a veces enfermen. No se trata de un cansancio feliz, sino tenso, pesado, insatisfecho y, en

definitiva, no aceptado. Esta acedia pastoral puede tener diversos orígenes. Algunos caen en ella por sostener proyectos irrealizables y no vivir con ganas lo que buenamente podrían hacer. Otros, por no aceptar la costosa evolución de los procesos y querer que todo caiga del cielo. Otros, por apegarse a algunos proyectos o a sueños de éxitos imaginados por su vanidad. Otros, por perder el contacto real con el pueblo, en una despersonalización de la pastoral que lleva a prestar más atención a la organización que a las personas, y entonces les entusiasma más la "hoja de ruta" que la ruta misma. Otros caen en la acedia por no saber esperar y querer dominar el ritmo de la vida. El inmediatismo ansioso de estos tiempos hace que los agentes pastorales no toleren fácilmente lo que signifique alguna contradicción, un aparente fracaso, una crítica, una cruz.

83. Así se gesta la mayor amenaza, que "es el gris pragmatismo de la vida cotidiana de la Iglesia en el cual aparentemente todo procede con normalidad, pero en realidad la fe se va desgastando y degenerando en mezquindad".[63] Se desarrolla la psicología de la tumba, que poco a poco convierte a los cristianos en momias de museo. Desilusionados con la realidad, con la Iglesia o consigo mismos, viven la constante tentación de apegarse a una tristeza dulzona, sin esperanza, que se apodera del corazón como "el más preciado de los elixires del demonio".[64] Llamados a iluminar y a comunicar vida, finalmente se dejan cautivar por cosas que sólo generan oscuridad y cansancio interior, y que apolillan el dinamismo apostólico. Por todo esto, me permito insistir: ¡No nos dejemos robar la alegría evangelizadora!

No al pesimismo estéril

84. La alegría del Evangelio es esa que nada ni nadie nos podrá quitar (cf. Jn 16:22). Los males de nuestro mundo —y los de la Iglesia— no deberían ser excusas para reducir nuestra entrega y nuestro fervor. Mirémoslos como desafíos para crecer. Además, la

mirada creyente es capaz de reconocer la luz que siempre derrama el Espíritu Santo en medio de la oscuridad, sin olvidar que "donde abundó el pecado sobreabundó la gracia" (Rom 5:20). Nuestra fe es desafiada a vislumbrar el vino en que puede convertirse el agua y a descubrir el trigo que crece en medio de la cizaña. A cincuenta años del Concilio Vaticano II, aunque nos duelan las miserias de nuestra época y estemos lejos de optimismos ingenuos, el mayor realismo no debe significar menor confianza en el Espíritu ni menor generosidad. En ese sentido, podemos volver a escuchar las palabras del beato Juan XXIII en aquella admirable jornada del 11 de octubre de 1962: "Llegan, a veces, a nuestros oídos, hiriéndolos, ciertas insinuaciones de algunas personas que, aun en su celo ardiente, carecen del sentido de la discreción y de la medida. Ellas no ven en los tiempos modernos sino prevaricación y ruina . . . Nos parece justo disentir de tales profetas de calamidades, avezados a anunciar siempre infaustos acontecimientos, como si el fin de los tiempos estuviese inminente. En el presente momento histórico, la Providencia nos está llevando a un nuevo orden de relaciones humanas que, por obra misma de los hombres pero más aún por encima de sus mismas intenciones, se encaminan al cumplimiento de planes superiores e inesperados; pues todo, aun las humanas adversidades, aquélla lo dispone para mayor bien de la Iglesia".[65]

85. Una de las tentaciones más serias que ahogan el fervor y la audacia es la conciencia de derrota que nos convierte en pesimistas quejosos y desencantados con cara de vinagre. Nadie puede emprender una lucha si de antemano no confía plenamente en el triunfo. El que comienza sin confiar perdió de antemano la mitad de la batalla y entierra sus talentos. Aun con la dolorosa conciencia de las propias fragilidades, hay que seguir adelante sin declararse vencidos, y recordar lo que el Señor dijo a san Pablo: "Te basta mi gracia, porque mi fuerza se manifiesta en la debilidad" (2 Cor 12:9). El triunfo cristiano es siempre una cruz, pero una cruz que al mismo tiempo es bandera de victoria, que se lleva con una ternura combativa ante

los embates del mal. El mal espíritu de la derrota es hermano de la tentación de separar antes de tiempo el trigo de la cizaña, producto de una desconfianza ansiosa y egocéntrica.

86. Es cierto que en algunos lugares se produjo una "desertificación" espiritual, fruto del proyecto de sociedades que quieren construirse sin Dios o que destruyen sus raíces cristianas. Allí "el mundo cristiano se está haciendo estéril, y se agota como una tierra sobreexplotada, que se convierte en arena".[66] En otros países, la resistencia violenta al cristianismo obliga a los cristianos a vivir su fe casi a escondidas en el país que aman. Ésta es otra forma muy dolorosa de desierto. También la propia familia o el propio lugar de trabajo puede ser ese ambiente árido donde hay que conservar la fe y tratar de irradiarla. Pero "precisamente a partir de la experiencia de este desierto, de este vacío, es como podemos descubrir nuevamente la alegría de creer, su importancia vital para nosotros, hombres y mujeres. En el desierto se vuelve a descubrir el valor de lo que es esencial para vivir; así, en el mundo contemporáneo, son muchos los signos de la sed de Dios, del sentido último de la vida, a menudo manifestados de forma implícita o negativa. Y en el desierto se necesitan sobre todo personas de fe que, con su propia vida, indiquen el camino hacia la Tierra prometida y de esta forma mantengan viva la esperanza".[67] En todo caso, allí estamos llamados a ser personas-cántaros para dar de beber a los demás. A veces el cántaro se convierte en una pesada cruz, pero fue precisamente en la cruz donde, traspasado, el Señor se nos entregó como fuente de agua viva. ¡No nos dejemos robar la esperanza!

Sí a las relaciones nuevas que genera Jesucristo

87. Hoy, que las redes y los instrumentos de la comunicación humana han alcanzado desarrollos inauditos, sentimos el desafío de descubrir y transmitir la mística de vivir juntos, de mezclarnos, de encontrarnos, de tomarnos de los brazos, de apoyarnos, de participar

de esa marea algo caótica que puede convertirse en una verdadera experiencia de fraternidad, en una caravana solidaria, en una santa peregrinación. De este modo, las mayores posibilidades de comunicación se traducirán en más posibilidades de encuentro y de solidaridad entre todos. Si pudiéramos seguir ese camino, ¡sería algo tan bueno, tan sanador, tan liberador, tan esperanzador! Salir de sí mismo para unirse a otros hace bien. Encerrarse en sí mismo es probar el amargo veneno de la inmanencia, y la humanidad saldrá perdiendo con cada opción egoísta que hagamos.

88. El ideal cristiano siempre invitará a superar la sospecha, la desconfianza permanente, el temor a ser invadidos, las actitudes defensivas que nos impone el mundo actual. Muchos tratan de escapar de los demás hacia la privacidad cómoda o hacia el reducido círculo de los más íntimos, y renuncian al realismo de la dimensión social del Evangelio. Porque, así como algunos quisieran un Cristo puramente espiritual, sin carne y sin cruz, también se pretenden relaciones interpersonales sólo mediadas por aparatos sofisticados, por pantallas y sistemas que se puedan encender y apagar a voluntad. Mientras tanto, el Evangelio nos invita siempre a correr el riesgo del encuentro con el rostro del otro, con su presencia física que interpela, con su dolor y sus reclamos, con su alegría que contagia en un constante cuerpo a cuerpo. La verdadera fe en el Hijo de Dios hecho carne es inseparable del don de sí, de la pertenencia a la comunidad, del servicio, de la reconciliación con la carne de los otros. El Hijo de Dios, en su encarnación, nos invitó a la revolución de la ternura.

89. El aislamiento, que es una traducción del inmanentismo, puede expresarse en una falsa autonomía que excluye a Dios, pero puede también encontrar en lo religioso una forma de consumismo espiritual a la medida de su individualismo enfermizo. La vuelta a lo sagrado y las búsquedas espirituales que caracterizan a nuestra época son fenómenos ambiguos. Más que el ateísmo, hoy se nos plantea el desafío de responder adecuadamente a la sed de Dios de mucha

gente, para que no busquen apagarla en propuestas alienantes o en un Jesucristo sin carne y sin compromiso con el otro. Si no encuentran en la Iglesia una espiritualidad que los sane, los libere, los llene de vida y de paz al mismo tiempo que los convoque a la comunión solidaria y a la fecundidad misionera, terminarán engañados por propuestas que no humanizan ni dan gloria a Dios.

90. Las formas propias de la religiosidad popular son encarnadas, porque han brotado de la encarnación de la fe cristiana en una cultura popular. Por eso mismo incluyen una relación personal, no con energías armonizadoras sino con Dios, Jesucristo, María, un santo. Tienen carne, tienen rostros. Son aptas para alimentar potencialidades relacionales y no tanto fugas individualistas. En otros sectores de nuestras sociedades crece el aprecio por diversas formas de "espiritualidad del bienestar" sin comunidad, por una "teología de la prosperidad" sin compromisos fraternos o por experiencias subjetivas sin rostros, que se reducen a una búsqueda interior inmanentista.

91. Un desafío importante es mostrar que la solución nunca consistirá en escapar de una relación personal y comprometida con Dios que al mismo tiempo nos comprometa con los otros. Eso es lo que hoy sucede cuando los creyentes procuran esconderse y quitarse de encima a los demás, y cuando sutilmente escapan de un lugar a otro o de una tarea a otra, quedándose sin vínculos profundos y estables: *"Imaginatio locorum et mutatio multos fefellit"*.[68] Es un falso remedio que enferma el corazón, y a veces el cuerpo. Hace falta ayudar a reconocer que el único camino consiste en aprender a encontrarse con los demás con la actitud adecuada, que es valorarlos y aceptarlos como compañeros de camino, sin resistencias internas. Mejor todavía, se trata de aprender a descubrir a Jesús en el rostro de los demás, en su voz, en sus reclamos. También es aprender a sufrir en un abrazo con Jesús crucificado cuando recibimos agresiones injustas o ingratitudes, sin cansarnos jamás de optar por la fraternidad.[69]

92. Allí está la verdadera sanación, ya que el modo de relacionarnos con los demás que realmente nos sana en lugar de enfermarnos es una fraternidad *mística*, contemplativa, que sabe mirar la grandeza sagrada del prójimo, que sabe descubrir a Dios en cada ser humano, que sabe tolerar las molestias de la convivencia aferrándose al amor de Dios, que sabe abrir el corazón al amor divino para buscar la felicidad de los demás como la busca su Padre bueno. Precisamente en esta época, y también allí donde son un "pequeño rebaño" (Lc 12:32), los discípulos del Señor son llamados a vivir como comunidad que sea sal de la tierra y luz del mundo (cf. Mt 5:13-16). Son llamados a dar testimonio de una pertenencia evangelizadora de manera siempre nueva.[70] ¡No nos dejemos robar la comunidad!

No a la mundanidad espiritual

93. La mundanidad espiritual, que se esconde detrás de apariencias de religiosidad e incluso de amor a la Iglesia, es buscar, en lugar de la gloria del Señor, la gloria humana y el bienestar personal. Es lo que el Señor reprochaba a los fariseos:

"¿Cómo es posible que creáis, vosotros que os glorificáis unos a otros y no os preocupáis por la gloria que sólo viene de Dios?" (Jn 5:44). Es un modo sutil de buscar "sus propios intereses y no los de Cristo Jesús" (Flp 2:21). Toma muchas formas, de acuerdo con el tipo de personas y con los estamentos en los que se enquista. Por estar relacionada con el cuidado de la apariencia, no siempre se conecta con pecados públicos, y por fuera todo parece correcto. Pero, si invadiera la Iglesia, "sería infinitamente más desastrosa que cualquiera otra mundanidad simplemente moral".[71]

94. Esta mundanidad puede alimentarse especialmente de dos maneras profundamente emparentadas. Una es la fascinación del gnosticismo, una fe encerrada en el subjetivismo, donde sólo interesa una determinada experiencia o una serie de razonamientos y conocimientos que supuestamente reconfortan e iluminan, pero en

definitiva el sujeto queda clausurado en la inmanencia de su propia razón o de sus sentimientos. La otra es el neopelagianismo autorreferencial y prometeico de quienes en el fondo sólo confían en sus propias fuerzas y se sienten superiores a otros por cumplir determinadas normas o por ser inquebrantablemente fieles a cierto estilo católico propio del pasado. Es una supuesta seguridad doctrinal o disciplinaria que da lugar a un elitismo narcisista y autoritario, donde en lugar de evangelizar lo que se hace es analizar y clasificar a los demás, y en lugar de facilitar el acceso a la gracia se gastan las energías en controlar. En los dos casos, ni Jesucristo ni los demás interesan verdaderamente. Son manifestaciones de un inmanentismo antropocéntrico. No es posible imaginar que de estas formas desvirtuadas de cristianismo pueda brotar un auténtico dinamismo evangelizador.

95. Esta oscura mundanidad se manifiesta en muchas actitudes aparentemente opuestas pero con la misma pretensión de "dominar el espacio de la Iglesia". En algunos hay un cuidado ostentoso de la liturgia, de la doctrina y del prestigio de la Iglesia, pero sin preocuparles que el Evangelio tenga una real inserción en el Pueblo fiel de Dios y en las necesidades concretas de la historia. Así, la vida de la Iglesia se convierte en una pieza de museo o en una posesión de pocos. En otros, la misma mundanidad espiritual se esconde detrás de una fascinación por mostrar conquistas sociales y políticas, o en una vanagloria ligada a la gestión de asuntos prácticos, o en un embeleso por las dinámicas de autoayuda y de realización autorreferencial. También puede traducirse en diversas formas de mostrarse a sí mismo en una densa vida social llena de salidas, reuniones, cenas, recepciones. O bien se despliega en un funcionalismo empresarial, cargado de estadísticas, planificaciones y evaluaciones, donde el principal beneficiario no es el Pueblo de Dios sino la Iglesia como organización. En todos los casos, no lleva el sello de Cristo encarnado, crucificado y resucitado, se encierra en grupos elitistas, no sale realmente a buscar a los perdidos ni a las inmensas multitudes

sedientas de Cristo. Ya no hay fervor evangélico, sino el disfrute espurio de una autocomplacencia egocéntrica.

96. En este contexto, se alimenta la vanagloria de quienes se conforman con tener algún poder y prefieren ser generales de ejércitos derrotados antes que simples soldados de un escuadrón que sigue luchando. ¡Cuántas veces soñamos con planes apostólicos expansionistas, meticulosos y bien dibujados, propios de generales derrotados! Así negamos nuestra historia de Iglesia, que es gloriosa por ser historia de sacrificios, de esperanza, de lucha cotidiana, de vida deshilachada en el servicio, de constancia en el trabajo que cansa, porque todo trabajo es "sudor de nuestra frente". En cambio, nos entretenemos vanidosos hablando sobre "lo que habría que hacer" —el pecado del "habriaqueísmo"— como maestros espirituales y sabios pastorales que señalan desde afuera. Cultivamos nuestra imaginación sin límites y perdemos contacto con la realidad sufrida de nuestro pueblo fiel.

97. Quien ha caído en esta mundanidad mira de arriba y de lejos, rechaza la profecía de los hermanos, descalifica a quien lo cuestione, destaca constantemente los errores ajenos y se obsesiona por la apariencia. Ha replegado la referencia del corazón al horizonte cerrado de su inmanencia y sus intereses y, como consecuencia de esto, no aprende de sus pecados ni está auténticamente abierto al perdón. Es una tremenda corrupción con apariencia de bien. Hay que evitarla poniendo a la Iglesia en movimiento de salida de sí, de misión centrada en Jesucristo, de entrega a los pobres. ¡Dios nos libre de una Iglesia mundana bajo ropajes espirituales o pastorales! Esta mundanidad asfixiante se sana tomándole el gusto al aire puro del Espíritu Santo, que nos libera de estar centrados en nosotros mismos, escondidos en una apariencia religiosa vacía de Dios. ¡No nos dejemos robar el Evangelio!

98. Dentro del Pueblo de Dios y en las distintas comunidades, ¡cuántas guerras! En el barrio, en el puesto de trabajo, ¡cuántas guerras por envidias y celos, también entre cristianos! La mundanidad espiritual lleva a algunos cristianos a estar en guerra con otros cristianos que se interponen en su búsqueda de poder, prestigio, placer o seguridad económica. Además, algunos dejan de vivir una pertenencia cordial a la Iglesia por alimentar un espíritu de "internas". Más que pertenecer a la Iglesia toda, con su rica diversidad, pertenecen a tal o cual grupo que se siente diferente o especial.

99. El mundo está lacerado por las guerras y la violencia, o herido por un difuso individualismo que divide a los seres humanos y los enfrenta unos contra otros en pos del propio bienestar. En diversos países resurgen enfrentamientos y viejas divisiones que se creían en parte superadas. A los cristianos de todas las comunidades del mundo, quiero pediros especialmente un testimonio de comunión fraterna que se vuelva atractivo y resplandeciente. Que todos puedan admirar cómo os cuidáis unos a otros, cómo os dais aliento mutuamente y cómo os acompañáis: "En esto reconocerán que sois mis discípulos, en el amor que os tengáis unos a otros" (Jn 13:35). Es lo que con tantos deseos pedía Jesús al Padre: "Que sean uno en nosotros . . . para que el mundo crea" (Jn 17:21). ¡Atención a la tentación de la envidia! ¡Estamos en la misma barca y vamos hacia el mismo puerto! Pidamos la gracia de alegrarnos con los frutos ajenos, que son de todos.

100. A los que están heridos por divisiones históricas, les resulta difícil aceptar que los exhortemos al perdón y la reconciliación, ya que interpretan que ignoramos su dolor, o que pretendemos hacerles perder la memoria y los ideales. Pero si ven el testimonio de comunidades auténticamente fraternas y reconciliadas, eso es siempre una luz que atrae. Por ello me duele tanto comprobar cómo en algunas

comunidades cristianas, y aun entre personas consagradas, consentimos diversas formas de odio, divisiones, calumnias, difamaciones, venganzas, celos, deseos de imponer las propias ideas a costa de cualquier cosa, y hasta persecuciones que parecen una implacable caza de brujas. ¿A quién vamos a evangelizar con esos comportamientos?

101. Pidamos al Señor que nos haga entender la ley del amor. ¡Qué bueno es tener esta ley! ¡Cuánto bien nos hace amarnos los unos a los otros en contra de todo! Sí, ¡en contra de todo! A cada uno de nosotros se dirige la exhortación paulina: "No te dejes vencer por el mal, antes bien vence al mal con el bien" (Rom 12:21). Y también: "¡No nos cansemos de hacer el bien!" (Gal 6:9). Todos tenemos simpatías y antipatías, y quizás ahora mismo estamos enojados con alguno. Al menos digamos al Señor: "Señor, yo estoy enojado con éste, con aquélla. Yo te pido por él y por ella". Rezar por aquel con el que estamos irritados es un hermoso paso en el amor, y es un acto evangelizador. ¡Hagámoslo hoy! ¡No nos dejemos robar el ideal del amor fraterno!

OTROS DESAFÍOS ECLESIALES

102. Los laicos son simplemente la inmensa mayoría del Pueblo de Dios. A su servicio está la minoría de los ministros ordenados. Ha crecido la conciencia de la identidad y la misión del laico en la Iglesia. Se cuenta con un numeroso laicado, aunque no suficiente, con arraigado sentido de comunidad y una gran fidelidad en el compromiso de la caridad, la catequesis, la celebración de la fe. Pero la toma de conciencia de esta responsabilidad laical que nace del Bautismo y de la Confirmación no se manifiesta de la misma manera en todas partes. En algunos casos porque no se formaron para asumir responsabilidades importantes, en otros por no encontrar espacio en sus Iglesias particulares para poder expresarse y actuar, a raíz de un excesivo clericalismo que los mantiene al margen de las decisiones. Si bien se percibe una mayor participación de muchos en

los ministerios laicales, este compromiso no se refleja en la penetración de los valores cristianos en el mundo social, político y económico. Se limita muchas veces a las tareas intraeclesiales sin un compromiso real por la aplicación del Evangelio a la transformación de la sociedad. La formación de laicos y la evangelización de los grupos profesionales e intelectuales constituyen un desafío pastoral importante.

103. La Iglesia reconoce el indispensable aporte de la mujer en la sociedad, con una sensibilidad, una intuición y unas capacidades peculiares que suelen ser más propias de las mujeres que de los varones. Por ejemplo, la especial atención femenina hacia los otros, que se expresa de un modo particular, aunque no exclusivo, en la maternidad. Reconozco con gusto cómo muchas mujeres comparten responsabilidades pastorales junto con los sacerdotes, contribuyen al acompañamiento de personas, de familias o de grupos y brindan nuevos aportes a la reflexión teológica. Pero todavía es necesario ampliar los espacios para una presencia femenina más incisiva en la Iglesia. Porque "el genio femenino es necesario en todas las expresiones de la vida social; por ello, se ha de garantizar la presencia de las mujeres también en el ámbito laboral"[72] y en los diversos lugares donde se toman las decisiones importantes, tanto en la Iglesia como en las estructuras sociales.

104. Las reivindicaciones de los legítimos derechos de las mujeres, a partir de la firme convicción de que varón y mujer tienen la misma dignidad, plantean a la Iglesia profundas preguntas que la desafían y que no se pueden eludir superficialmente. El sacerdocio reservado a los varones, como signo de Cristo Esposo que se entrega en la Eucaristía, es una cuestión que no se pone en discusión, pero puede volverse particularmente conflictiva si se identifica demasiado la potestad sacramental con el poder. No hay que olvidar que cuando hablamos de la potestad sacerdotal "nos encontramos en el ámbito de la *función*, no de la *dignidad* ni de la santidad"[73]. El sacerdocio

ministerial es uno de los medios que Jesús utiliza al servicio de su pueblo, pero la gran dignidad viene del Bautismo, que es accesible a todos. La configuración del sacerdote con Cristo Cabeza —es decir, como fuente capital de la gracia— no implica una exaltación que lo coloque por encima del resto. En la Iglesia las funciones *"no dan lugar a la superioridad* de los unos sobre los otros".[74] De hecho, una mujer, María, es más importante que los obispos. Aun cuando la función del sacerdocio ministerial se considere "jerárquica", hay que tener bien presente que "está ordenada *totalmente* a la santidad de los miembros del Cuerpo místico de Cristo".[75] Su clave y su eje no son el poder entendido como dominio, sino la potestad de administrar el sacramento de la Eucaristía; de aquí deriva su autoridad, que es siempre un servicio al pueblo. Aquí hay un gran desafío para los pastores y para los teólogos, que podrían ayudar a reconocer mejor lo que esto implica con respecto al posible lugar de la mujer allí donde se toman decisiones importantes, en los diversos ámbitos de la Iglesia.

105. La pastoral juvenil, tal como estábamos acostumbrados a desarrollarla, ha sufrido el embate de los cambios sociales. Los jóvenes, en las estructuras habituales, no suelen encontrar respuestas a sus inquietudes, necesidades, problemáticas y heridas. A los adultos nos cuesta escucharlos con paciencia, comprender sus inquietudes o sus reclamos, y aprender a hablarles en el lenguaje que ellos comprenden. Por esa misma razón, las propuestas educativas no producen los frutos esperados. La proliferación y crecimiento de asociaciones y movimientos predominantemente juveniles pueden interpretarse como una acción del Espíritu que abre caminos nuevos acordes a sus expectativas y búsquedas de espiritualidad profunda y de un sentido de pertenencia más concreto. Se hace necesario, sin embargo, ahondar en la participación de éstos en la pastoral de conjunto de la Iglesia.[76]

106. Aunque no siempre es fácil abordar a los jóvenes, se creció en dos aspectos: la conciencia de que toda la comunidad los evangeliza y educa, y la urgencia de que ellos tengan un protagonismo mayor. Cabe reconocer que, en el contexto actual de crisis del compromiso y de los lazos comunitarios, son muchos los jóvenes que se solidarizan ante los males del mundo y se embarcan en diversas formas de militancia y voluntariado. Algunos participan en la vida de la Iglesia, integran grupos de servicio y diversas iniciativas misioneras en sus propias diócesis o en otros lugares. ¡Qué bueno es que los jóvenes sean "callejeros de la fe", felices de llevar a Jesucristo a cada esquina, a cada plaza, a cada rincón de la tierra!

107. En muchos lugares escasean las vocaciones al sacerdocio y a la vida consagrada. Frecuentemente esto se debe a la ausencia en las comunidades de un fervor apostólico contagioso, lo cual no entusiasma ni suscita atractivo. Donde hay vida, fervor, ganas de llevar a Cristo a los demás, surgen vocaciones genuinas. Aun en parroquias donde los sacerdotes son poco entregados y alegres, es la vida fraterna y fervorosa de la comunidad la que despierta el deseo de consagrarse enteramente a Dios y a la evangelización, sobre todo si esa comunidad viva ora insistentemente por las vocaciones y se atreve a proponer a sus jóvenes un camino de especial consagración. Por otra parte, a pesar de la escasez vocacional, hoy se tiene más clara conciencia de la necesidad de una mejor selección de los candidatos al sacerdocio. No se pueden llenar los seminarios con cualquier tipo de motivaciones, y menos si éstas se relacionan con inseguridades afectivas, búsquedas de formas de poder, glorias humanas o bienestar económico.

108. Como ya dije, no he intentado ofrecer un diagnóstico completo, pero invito a las comunidades a completar y enriquecer estas perspectivas a partir de la conciencia de sus desafíos propios y cercanos. Espero que, cuando lo hagan, tengan en cuenta que, cada vez que intentamos leer en la realidad actual los signos de los tiempos,

es conveniente escuchar a los jóvenes y a los ancianos. Ambos son la esperanza de los pueblos. Los ancianos aportan la memoria y la sabiduría de la experiencia, que invita a no repetir tontamente los mismos errores del pasado. Los jóvenes nos llaman a despertar y acrecentar la esperanza, porque llevan en sí las nuevas tendencias de la humanidad y nos abren al futuro, de manera que no nos quedemos anclados en la nostalgia de estructuras y costumbres que ya no son cauces de vida en el mundo actual.

109. Los desafíos están para superarlos. Seamos realistas, pero sin perder la alegría, la audacia y la entrega esperanzada. ¡No nos dejemos robar la fuerza misionera!

CAPÍTULO TERCERO
El anuncio del Evangelio

110. Después de tomar en cuenta algunos desafíos de la realidad actual, quiero recordar ahora la tarea que nos apremia en cualquier época y lugar, porque "no puede haber auténtica evangelización sin la *proclamación explícita* de que Jesús es el Señor", y sin que exista un "primado de la proclamación de Jesucristo en cualquier actividad de evangelización".[77] Recogiendo las inquietudes de los Obispos asiáticos, Juan Pablo II expresó que, si la Iglesia "debe cumplir su destino providencial, la evangelización, como predicación alegre, paciente y progresiva de la muerte y resurrección salvífica de Jesucristo, debe ser vuestra prioridad absoluta".[78] Esto vale para todos.

I. TODO EL PUEBLO DE DIOS ANUNCIA EL EVANGELIO

111. La evangelización es tarea de la Iglesia. Pero este sujeto de la evangelización es más que una institución orgánica y jerárquica, porque es ante todo un pueblo que peregrina hacia Dios. Es ciertamente un *misterio* que hunde sus raíces en la Trinidad, pero tiene su concreción histórica en un pueblo peregrino y evangelizador, lo cual siempre trasciende toda necesaria expresión institucional. Propongo detenernos un poco en esta forma de entender la Iglesia, que tiene su fundamento último en la libre y gratuita iniciativa de Dios.

Un pueblo para todos

112. La salvación que Dios nos ofrece es obra de su misericordia. No hay acciones humanas, por más buenas que sean, que nos hagan merecer un don tan grande. Dios, por pura gracia, nos atrae para

unirnos a sí.[79] Él envía su Espíritu a nuestros corazones para hacernos sus hijos, para transformarnos y para volvernos capaces de responder con nuestra vida a ese amor. La Iglesia es enviada por Jesucristo como sacramento de la salvación ofrecida por Dios.[80] Ella, a través de sus acciones evangelizadoras, colabora como instrumento de la gracia divina que actúa incesantemente más allá de toda posible supervisión. Bien lo expresaba Benedicto XVI al abrir las reflexiones del Sínodo: "Es importante saber que la primera palabra, la iniciativa verdadera, la actividad verdadera viene de Dios y sólo si entramos en esta iniciativa divina, sólo si imploramos esta iniciativa divina, podremos también ser —con Él y en Él— evangelizadores".[81] El principio de la *primacía de la gracia* debe ser un faro que alumbre permanentemente nuestras reflexiones sobre la evangelización.

113. Esta salvación, que realiza Dios y anuncia gozosamente la Iglesia, es para todos,[82] y Dios ha gestado un camino para unirse a cada uno de los seres humanos de todos los tiempos. Ha elegido convocarlos como pueblo y no como seres aislados.[83] Nadie se salva solo, esto es, ni como individuo aislado ni por sus propias fuerzas. Dios nos atrae teniendo en cuenta la compleja trama de relaciones interpersonales que supone la vida en una comunidad humana. Este pueblo que Dios se ha elegido y convocado es la Iglesia. Jesús no dice a los Apóstoles que formen un grupo exclusivo, un grupo de élite. Jesús dice: "Id y haced que todos los pueblos sean mis discípulos" (Mt 28:19). San Pablo afirma que en el Pueblo de Dios, en la Iglesia, "no hay ni judío ni griego . . . porque todos vosotros sois uno en Cristo Jesús" (Gal 3:28). Me gustaría decir a aquellos que se sienten lejos de Dios y de la Iglesia, a los que son temerosos o a los indiferentes: ¡El Señor también te llama a ser parte de su pueblo y lo hace con gran respeto y amor!

114. Ser Iglesia es ser Pueblo de Dios, de acuerdo con el gran proyecto de amor del Padre. Esto implica ser el fermento de Dios en medio de la humanidad. Quiere decir anunciar y llevar la salvación

de Dios en este mundo nuestro, que a menudo se pierde, necesitado de tener respuestas que alienten, que den esperanza, que den nuevo vigor en el camino. La Iglesia tiene que ser el lugar de la misericordia gratuita, donde todo el mundo pueda sentirse acogido, amado, perdonado y alentado a vivir según la vida buena del Evangelio.

Un pueblo con muchos rostros

115. Este Pueblo de Dios se encarna en los pueblos de la tierra, cada uno de los cuales tiene su cultura propia. La noción de cultura es una valiosa herramienta para entender las diversas expresiones de la vida cristiana que se dan en el Pueblo de Dios. Se trata del estilo de vida que tiene una sociedad determinada, del modo propio que tienen sus miembros de relacionarse entre sí, con las demás criaturas y con Dios. Así entendida, la cultura abarca la totalidad de la vida de un pueblo.[84] Cada pueblo, en su devenir histórico, desarrolla su propia cultura con legítima autonomía.[85] Esto se debe a que la persona humana "por su misma naturaleza, tiene absoluta necesidad de la vida social",[86] y está siempre referida a la sociedad, donde vive un modo concreto de relacionarse con la realidad. El ser humano está siempre culturalmente situado: "naturaleza y cultura se hallan unidas estrechísimamente".[87] La gracia supone la cultura, y el don de Dios se encarna en la cultura de quien lo recibe.

116. En estos dos milenios de cristianismo, innumerable cantidad de pueblos han recibido la gracia de la fe, la han hecho florecer en su vida cotidiana y la han transmitido según sus modos culturales propios. Cuando una comunidad acoge el anuncio de la salvación, el Espíritu Santo fecunda su cultura con la fuerza transformadora del Evangelio. De modo que, como podemos ver en la historia de la Iglesia, el cristianismo no tiene un único modo cultural, sino que, "permaneciendo plenamente uno mismo, en total fidelidad al anuncio evangélico y a la tradición eclesial, llevará consigo también el rostro de tantas culturas y de tantos pueblos en que ha sido

acogido y arraigado".[88] En los distintos pueblos, que experimentan el don de Dios según su propia cultura, la Iglesia expresa su genuina catolicidad y muestra "la belleza de este rostro pluriforme".[89] En las manifestaciones cristianas de un pueblo evangelizado, el Espíritu Santo embellece a la Iglesia, mostrándole nuevos aspectos de la Revelación y regalándole un nuevo rostro. En la inculturación, la Iglesia "introduce a los pueblos con sus culturas en su misma comunidad",[90] porque "toda cultura propone valores y formas positivas que pueden enriquecer la manera de anunciar, concebir y vivir el Evangelio".[91] Así, "la Iglesia, asumiendo los valores de las diversas culturas, se hace *sponsa ornata monilibus suis*", "la novia que se adorna con sus joyas" (cf. Is 61:10)".[92]

117. Bien entendida, la diversidad cultural no amenaza la unidad de la Iglesia. Es el Espíritu Santo, enviado por el Padre y el Hijo, quien transforma nuestros corazones y nos hace capaces de entrar en la comunión perfecta de la Santísima Trinidad, donde todo encuentra su unidad. Él construye la comunión y la armonía del Pueblo de Dios. El mismo Espíritu Santo es la armonía, así como es el vínculo de amor entre el Padre y el Hijo.[93] Él es quien suscita una múltiple y diversa riqueza de dones y al mismo tiempo construye una unidad que nunca es uniformidad sino multiforme armonía que atrae. La evangelización reconoce gozosamente estas múltiples riquezas que el Espíritu engendra en la Iglesia. No haría justicia a la lógica de la encarnación pensar en un cristianismo monocultural y monocorde. Si bien es verdad que algunas culturas han estado estrechamente ligadas a la predicación del Evangelio y al desarrollo de un pensamiento cristiano, el mensaje revelado no se identifica con ninguna de ellas y tiene un contenido transcultural. Por ello, en la evangelización de nuevas culturas o de culturas que no han acogido la predicación cristiana, no es indispensable imponer una determinada forma cultural, por más bella y antigua que sea, junto con la propuesta del Evangelio. El mensaje que anunciamos siempre tiene algún ropaje cultural, pero a veces en la Iglesia caemos en la

vanidosa sacralización de la propia cultura, con lo cual podemos mostrar más fanatismo que auténtico fervor evangelizador.

118. Los Obispos de Oceanía pidieron que allí la Iglesia "desarrolle una comprensión y una presentación de la verdad de Cristo que arranque de las tradiciones y culturas de la región", e instaron "a todos los misioneros a operar en armonía con los cristianos indígenas para asegurar que la fe y la vida de la Iglesia se expresen en formas legítimas adecuadas a cada cultura".[94] No podemos pretender que los pueblos de todos los continentes, al expresar la fe cristiana, imiten los modos que encontraron los pueblos europeos en un determinado momento de la historia, porque la fe no puede encerrarse dentro de los confines de la comprensión y de la expresión de una cultura.[95] Es indiscutible que una sola cultura no agota el misterio de la redención de Cristo.

Todos somos discípulos misioneros

119. En todos los bautizados, desde el primero hasta el último, actúa la fuerza santificadora del Espíritu que impulsa a evangelizar. El Pueblo de Dios es santo por esta unción que lo hace *infalible "in credendo"*. Esto significa que cuando cree no se equivoca, aunque no encuentre palabras para explicar su fe. El Espíritu lo guía en la verdad y lo conduce a la salvación.[96] Como parte de su misterio de amor hacia la humanidad, Dios dota a la totalidad de los fieles de un *instinto de la fe* —el *sensus fidei*— que los ayuda a discernir lo que viene realmente de Dios. La presencia del Espíritu otorga a los cristianos una cierta connaturalidad con las realidades divinas y una sabiduría que los permite captarlas intuitivamente, aunque no tengan el instrumental adecuado para expresarlas con precisión.

120. En virtud del Bautismo recibido, cada miembro del Pueblo de Dios se ha convertido en discípulo misionero (cf. Mt 28:19). Cada uno de los bautizados, cualquiera que sea su función en la Iglesia y

el grado de ilustración de su fe, es un agente evangelizador, y sería inadecuado pensar en un esquema de evangelización llevado adelante por actores calificados donde el resto del pueblo fiel sea sólo receptivo de sus acciones. La nueva evangelización debe implicar un nuevo protagonismo de cada uno de los bautizados. Esta convicción se convierte en un llamado dirigido a cada cristiano, para que nadie postergue su compromiso con la evangelización, pues si uno de verdad ha hecho una experiencia del amor de Dios que lo salva, no necesita mucho tiempo de preparación para salir a anunciarlo, no puede esperar que le den muchos cursos o largas instrucciones. Todo cristiano es misionero en la medida en que se ha encontrado con el amor de Dios en Cristo Jesús; ya no decimos que somos "discípulos" y "misioneros", sino que somos siempre "discípulos misioneros". Si no nos convencemos, miremos a los primeros discípulos, quienes inmediatamente después de conocer la mirada de Jesús, salían a proclamarlo gozosos: "¡Hemos encontrado al Mesías!" (Jn 1:41). La samaritana, apenas salió de su diálogo con Jesús, se convirtió en misionera, y muchos samaritanos creyeron en Jesús "por la palabra de la mujer" (Jn 4:39). También san Pablo, a partir de su encuentro con Jesucristo, "enseguida se puso a predicar que Jesús era el Hijo de Dios" (Hechos 9:20). ¿A qué esperamos nosotros?

121. Por supuesto que todos estamos llamados a crecer como evangelizadores. Procuramos al mismo tiempo una mejor formación, una profundización de nuestro amor y un testimonio más claro del Evangelio. En ese sentido, todos tenemos que dejar que los demás nos evangelicen constantemente; pero eso no significa que debamos postergar la misión evangelizadora, sino que encontremos el modo de comunicar a Jesús que corresponda a la situación en que nos hallemos. En cualquier caso, todos somos llamados a ofrecer a los demás el testimonio explícito del amor salvífico del Señor, que más allá de nuestras imperfecciones nos ofrece su cercanía, su Palabra, su fuerza, y le da un sentido a nuestra vida. Tu corazón sabe que no es lo mismo la vida sin Él; entonces eso que has descubierto, eso que

te ayuda a vivir y que te da una esperanza, eso es lo que necesitas comunicar a los otros. Nuestra imperfección no debe ser una excusa; al contrario, la misión es un estímulo constante para no quedarse en la mediocridad y para seguir creciendo. El testimonio de fe que todo cristiano está llamado a ofrecer implica decir como san Pablo: "No es que lo tenga ya conseguido o que ya sea perfecto, sino que continúo mi carrera . . . y me lanzo a lo que está por delante" (Flp 3:12-13).

La fuerza evangelizadora de la piedad popular

122. Del mismo modo, podemos pensar que los distintos pueblos en los que ha sido inculturado el Evangelio son sujetos colectivos activos, agentes de la evangelización. Esto es así porque cada pueblo es el creador de su cultura y el protagonista de su historia. La cultura es algo dinámico, que un pueblo recrea permanentemente, y cada generación le transmite a la siguiente un sistema de actitudes ante las distintas situaciones existenciales, que ésta debe reformular frente a sus propios desafíos. El ser humano "es al mismo tiempo hijo y padre de la cultura a la que pertenece".[97] Cuando en un pueblo se ha inculturado el Evangelio, en su proceso de transmisión cultural también transmite la fe de maneras siempre nuevas; de aquí la importancia de la evangelización entendida como inculturación. Cada porción del Pueblo de Dios, al traducir en su vida el don de Dios según su genio propio, da testimonio de la fe recibida y la enriquece con nuevas expresiones que son elocuentes. Puede decirse que "el pueblo se evangeliza continuamente a sí mismo".[98] Aquí toma importancia la piedad popular, verdadera expresión de la acción misionera espontánea del Pueblo de Dios. Se trata de una realidad en permanente desarrollo, donde el Espíritu Santo es el agente principal.[99]

123. En la piedad popular puede percibirse el modo en que la fe recibida se encarnó en una cultura y se sigue transmitiendo. En algún tiempo mirada con desconfianza, ha sido objeto de revalorización en

las décadas posteriores al Concilio. Fue Pablo VI en su Exhortación apostólica *Evangelii nuntiandi* quien dio un impulso decisivo en ese sentido. Allí explica que la piedad popular "refleja una sed de Dios que solamente los pobres y sencillos pueden conocer"[100] y que "hace capaz de generosidad y sacrificio hasta el heroísmo, cuando se trata de manifestar la fe".[101] Más cerca de nuestros días, Benedicto XVI, en América Latina, señaló que se trata de un "precioso tesoro de la Iglesia católica" y que en ella "aparece el alma de los pueblos latinoamericanos".[102]

124. En el *Documento de Aparecida* se describen las riquezas que el Espíritu Santo despliega en la piedad popular con su iniciativa gratuita. En ese amado continente, donde gran cantidad de cristianos expresan su fe a través de la piedad popular, los Obispos la llaman también "espiritualidad popular" o "mística popular".[103] Se trata de una verdadera "espiritualidad encarnada en la cultura de los sencillos".[104] No está vacía de contenidos, sino que los descubre y expresa más por la vía simbólica que por el uso de la razón instrumental, y en el acto de fe se acentúa más el *credere in Deum* que el *credere Deum*.[105] Es "una manera legítima de vivir la fe, un modo de sentirse parte de la Iglesia, y una forma de ser misioneros";[106] conlleva la gracia de la misionariedad, del salir de sí y del peregrinar: "El caminar juntos hacia los santuarios y el participar en otras manifestaciones de la piedad popular, también llevando a los hijos o invitando a otros, es en sí mismo un gesto evangelizador".[107] ¡No coartemos ni pretendamos controlar esa fuerza misionera!

125. Para entender esta realidad hace falta acercarse a ella con la mirada del Buen Pastor, que no busca juzgar sino amar. Sólo desde la connaturalidad afectiva que da el amor podemos apreciar la vida teologal presente en la piedad de los pueblos cristianos, especialmente en sus pobres. Pienso en la fe firme de esas madres al pie del lecho del hijo enfermo que se aferran a un rosario aunque no sepan hilvanar las proposiciones del Credo, o en tanta carga de esperanza

derramada en una vela que se enciende en un humilde hogar para pedir ayuda a María, o en esas miradas de amor entrañable al Cristo crucificado. Quien ama al santo Pueblo fiel de Dios no puede ver estas acciones sólo como una búsqueda natural de la divinidad. Son la manifestación de una vida teologal animada por la acción del Espíritu Santo que ha sido derramado en nuestros corazones (cf. Rom 5:5).

126. En la piedad popular, por ser fruto del Evangelio inculturado, subyace una fuerza activamente evangelizadora que no podemos menospreciar: sería desconocer la obra del Espíritu Santo. Más bien estamos llamados a alentarla y fortalecerla para profundizar el proceso de inculturación que es una realidad nunca acabada. Las expresiones de la piedad popular tienen mucho que enseñarnos y, para quien sabe leerlas, son un *lugar teológico* al que debemos prestar atención, particularmente a la hora de pensar la nueva evangelización.

PERSONA A PERSONA

127. Hoy que la Iglesia quiere vivir una profunda renovación misionera, hay una forma de predicación que nos compete a todos como tarea cotidiana. Se trata de llevar el Evangelio a las personas que cada uno trata, tanto a los más cercanos como a los desconocidos. Es la predicación informal que se puede realizar en medio de una conversación y también es la que realiza un misionero cuando visita un hogar. Ser discípulo es tener la disposición permanente de llevar a otros el amor de Jesús y eso se produce espontáneamente en cualquier lugar: en la calle, en la plaza, en el trabajo, en un camino.

128. En esta predicación, siempre respetuosa y amable, el primer momento es un diálogo personal, donde la otra persona se expresa y comparte sus alegrías, sus esperanzas, las inquietudes por sus seres queridos y tantas cosas que llenan el corazón. Sólo después de esta conversación es posible presentarle la Palabra, sea con la lectura de

algún versículo o de un modo narrativo, pero siempre recordando el anuncio fundamental: el amor personal de Dios que se hizo hombre, se entregó por nosotros y está vivo ofreciendo su salvación y su amistad. Es el anuncio que se comparte con una actitud humilde y testimonial de quien siempre sabe aprender, con la conciencia de que ese mensaje es tan rico y tan profundo que siempre nos supera. A veces se expresa de manera más directa, otras veces a través de un testimonio personal, de un relato, de un gesto o de la forma que el mismo Espíritu Santo pueda suscitar en una circunstancia concreta. Si parece prudente y se dan las condiciones, es bueno que este encuentro fraterno y misionero termine con una breve oración que se conecte con las inquietudes que la persona ha manifestado. Así, percibirá mejor que ha sido escuchada e interpretada, que su situación queda en la presencia de Dios, y reconocerá que la Palabra de Dios realmente le habla a su propia existencia.

129. No hay que pensar que el anuncio evangélico deba transmitirse siempre con determinadas fórmulas aprendidas, o con palabras precisas que expresen un contenido absolutamente invariable. Se transmite de formas tan diversas que sería imposible describirlas o catalogarlas, donde el Pueblo de Dios, con sus innumerables gestos y signos, es sujeto colectivo. Por consiguiente, si el Evangelio se ha encarnado en una cultura, ya no se comunica sólo a través del anuncio persona a persona. Esto debe hacernos pensar que, en aquellos países donde el cristianismo es minoría, además de alentar a cada bautizado a anunciar el Evangelio, las Iglesias particulares deben fomentar activamente formas, al menos incipientes, de inculturación. Lo que debe procurarse, en definitiva, es que la predicación del Evangelio, expresada con categorías propias de la cultura donde es anunciado, provoque una nueva síntesis con esa cultura. Aunque estos procesos son siempre lentos, a veces el miedo nos paraliza demasiado. Si dejamos que las dudas y temores sofoquen toda audacia, es posible que, en lugar de ser creativos, simplemente nos quedemos cómodos y no provoquemos avance alguno y, en ese caso, no

seremos partícipes de procesos históricos con nuestra cooperación, sino simplemente espectadores de un estancamiento infecundo de la Iglesia.

Carismas al servicio de la comunión evangelizadora

130. El Espíritu Santo también enriquece a toda la Iglesia evangelizadora con distintos carismas. Son dones para renovar y edificar la Iglesia.[108] No son un patrimonio cerrado, entregado a un grupo para que lo custodie; más bien son regalos del Espíritu integrados en el cuerpo eclesial, atraídos hacia el centro que es Cristo, desde donde se encauzan en un impulso evangelizador. Un signo claro de la autenticidad de un carisma es su eclesialidad, su capacidad para integrarse armónicamente en la vida del santo Pueblo fiel de Dios para el bien de todos. Una verdadera novedad suscitada por el Espíritu no necesita arrojar sombras sobre otras espiritualidades y dones para afirmarse a sí misma. En la medida en que un carisma dirija mejor su mirada al corazón del Evangelio, más eclesial será su ejercicio. En la comunión, aunque duela, es donde un carisma se vuelve auténtica y misteriosamente fecundo. Si vive este desafío, la Iglesia puede ser un modelo para la paz en el mundo.

131. Las diferencias entre las personas y comunidades a veces son incómodas, pero el Espíritu Santo, que suscita esa diversidad, puede sacar de todo algo bueno y convertirlo en un dinamismo evangelizador que actúa por atracción. La diversidad tiene que ser siempre reconciliada con la ayuda del Espíritu Santo; sólo Él puede suscitar la diversidad, la pluralidad, la multiplicidad y, al mismo tiempo, realizar la unidad. En cambio, cuando somos nosotros los que pretendemos la diversidad y nos encerramos en nuestros particularismos, en nuestros exclusivismos, provocamos la división y, por otra parte, cuando somos nosotros quienes queremos construir la unidad con nuestros planes humanos, terminamos por imponer la uniformidad, la homologación. Esto no ayuda a la misión de la Iglesia.

132. El anuncio a la cultura implica también un anuncio a las culturas profesionales, científicas y académicas. Se trata del encuentro entre la fe, la razón y las ciencias, que procura desarrollar un nuevo discurso de la credibilidad, una original apologética[109] que ayude a crear las disposiciones para que el Evangelio sea escuchado por todos. Cuando algunas categorías de la razón y de las ciencias son acogidas en el anuncio del mensaje, esas mismas categorías se convierten en instrumentos de evangelización; es el agua convertida en vino. Es aquello que, asumido, no sólo es redimido sino que se vuelve instrumento del Espíritu para iluminar y renovar el mundo.

133. Ya que no basta la preocupación del evangelizador por llegar a cada persona, y el Evangelio también se anuncia a las culturas en su conjunto, la teología —no sólo la teología pastoral— en diálogo con otras ciencias y experiencias humanas, tiene gran importancia para pensar cómo hacer llegar la propuesta del Evangelio a la diversidad de contextos culturales y de destinatarios.[110] La Iglesia, empeñada en la evangelización, aprecia y alienta el carisma de los teólogos y su esfuerzo por la investigación teológica, que promueve el diálogo con el mundo de las culturas y de las ciencias. Convoco a los teólogos a cumplir este servicio como parte de la misión salvífica de la Iglesia. Pero es necesario que, para tal propósito, lleven en el corazón la finalidad evangelizadora de la Iglesia y también de la teología, y no se contenten con una teología de escritorio.

134. Las Universidades son un ámbito privilegiado para pensar y desarrollar este empeño evangelizador de un modo interdisciplinario e integrador. Las escuelas católicas, que intentan siempre conjugar la tarea educativa con el anuncio explícito del Evangelio, constituyen un aporte muy valioso a la evangelización de la cultura, aun en los países y ciudades donde una situación adversa nos estimule a usar nuestra creatividad para encontrar los caminos adecuados.[111]

II. LA HOMILÍA

135. Consideremos ahora la predicación dentro de la liturgia, que requiere una seria evaluación de parte de los Pastores. Me detendré particularmente, y hasta con cierta meticulosidad, en la homilía y su preparación, porque son muchos los reclamos que se dirigen en relación con este gran ministerio y no podemos hacer oídos sordos. La homilía es la piedra de toque para evaluar la cercanía y la capacidad de encuentro de un Pastor con su pueblo. De hecho, sabemos que los fieles le dan mucha importancia; y ellos, como los mismos ministros ordenados, muchas veces sufren, unos al escuchar y otros al predicar. Es triste que así sea. La homilía puede ser realmente una intensa y feliz experiencia del Espíritu, un reconfortante encuentro con la Palabra, una fuente constante de renovación y de crecimiento.

136. Renovemos nuestra confianza en la predicación, que se funda en la convicción de que es Dios quien quiere llegar a los demás a través del predicador y de que Él despliega su poder a través de la palabra humana. San Pablo habla con fuerza sobre la necesidad de predicar, porque el Señor ha querido llegar a los demás también mediante nuestra palabra (cf. Rom 10:14-17). Con la palabra, nuestro Señor se ganó el corazón de la gente. Venían a escucharlo de todas partes (cf. Mc 1:45). Se quedaban maravillados bebiendo sus enseñanzas (cf. Mc 6:2). Sentían que les hablaba como quien tiene autoridad (cf. Mc 1:27). Con la palabra, los Apóstoles, a los que instituyó "para que estuvieran con Él, y para enviarlos a predicar" (Mc 3:14), atrajeron al seno de la Iglesia a todos los pueblos (cf. Mc 16:15, 20).

El contexto litúrgico

137. Cabe recordar ahora que "la proclamación litúrgica de la Palabra de Dios, sobre todo en el contexto de la asamblea eucarística, no es tanto un momento de meditación y de catequesis, sino

que es el diálogo de Dios con su pueblo, en el cual son proclamadas las maravillas de la salvación y propuestas siempre de nuevo las exigencias de la alianza".[112] Hay una valoración especial de la homilía que proviene de su contexto eucarístico, que supera a toda catequesis por ser el momento más alto del diálogo entre Dios y su pueblo, antes de la comunión sacramental. La homilía es un retomar ese diálogo que ya está entablado entre el Señor y su pueblo. El que predica debe reconocer el corazón de su comunidad para buscar dónde está vivo y ardiente el deseo de Dios, y también dónde ese diálogo, que era amoroso, fue sofocado o no pudo dar fruto.

138. La homilía no puede ser un espectáculo entretenido, no responde a la lógica de los recursos mediáticos, pero debe darle el fervor y el sentido a la celebración. Es un género peculiar, ya que se trata de una predicación dentro del marco de una celebración *litúrgica*; por consiguiente, debe ser breve y evitar parecerse a una charla o una clase. El predicador puede ser capaz de mantener el interés de la gente durante una hora, pero así su palabra se vuelve más importante que la celebración de la fe. Si la homilía se prolongara demasiado, afectaría dos características de la celebración litúrgica: la armonía entre sus partes y el ritmo. Cuando la predicación se realiza dentro del contexto de la liturgia, se incorpora como parte de la ofrenda que se entrega al Padre y como mediación de la gracia que Cristo derrama en la celebración. Este mismo contexto exige que la predicación oriente a la asamblea, y también al predicador, a una comunión con Cristo en la Eucaristía que transforme la vida. Esto reclama que la palabra del predicador no ocupe un lugar excesivo, de manera que el Señor brille más que el ministro.

La conversación de la madre

139. Dijimos que el Pueblo de Dios, por la constante acción del Espíritu en él, se evangeliza continuamente a sí mismo. ¿Qué implica esta convicción para el predicador? Nos recuerda que la

Iglesia es madre y predica al pueblo como una madre que le habla a su hijo, sabiendo que el hijo confía que todo lo que se le enseñe será para bien porque se sabe amado. Además, la buena madre sabe reconocer todo lo que Dios ha sembrado en su hijo, escucha sus inquietudes y aprende de él. El espíritu de amor que reina en una familia guía tanto a la madre como al hijo en sus diálogos, donde se enseña y aprende, se corrige y se valora lo bueno; así también ocurre en la homilía. El Espíritu, que inspiró los Evangelios y que actúa en el Pueblo de Dios, inspira también cómo hay que escuchar la fe del pueblo y cómo hay que predicar en cada Eucaristía. La prédica cristiana, por tanto, encuentra en el corazón cultural del pueblo una fuente de agua viva para saber lo que tiene que decir y para encontrar el modo como tiene que decirlo. Así como a todos nos gusta que se nos hable en nuestra lengua materna, así también en la fe nos gusta que se nos hable en clave de "cultura materna", en clave de dialecto materno (cf. 2 Mac 7:21, 27), y el corazón se dispone a escuchar mejor. Esta lengua es un tono que transmite ánimo, aliento, fuerza, impulso.

140. Este ámbito materno-eclesial en el que se desarrolla el diálogo del Señor con su pueblo debe favorecerse y cultivarse mediante la cercanía cordial del predicador, la calidez de su tono de voz, la mansedumbre del estilo de sus frases, la alegría de sus gestos. Aun las veces que la homilía resulte algo aburrida, si está presente este espíritu materno-eclesial, siempre será fecunda, así como los aburridos consejos de una madre dan fruto con el tiempo en el corazón de los hijos.

141. Uno se admira de los recursos que tenía el Señor para dialogar con su pueblo, para revelar su misterio a todos, para cautivar a gente común con enseñanzas tan elevadas y de tanta exigencia. Creo que el secreto se esconde en esa mirada de Jesús hacia el pueblo, más allá de sus debilidades y caídas: "No temas, pequeño rebaño, porque a vuestro Padre le ha parecido bien daros el Reino" (Lc 12:32);

Jesús predica con ese espíritu. Bendice lleno de gozo en el Espíritu al Padre que le atrae a los pequeños: "Yo te bendigo, Padre, Señor del cielo y de la tierra, porque habiendo ocultado estas cosas a sabios e inteligentes, se las has revelado a pequeños" (Lc 10:21). El Señor se complace de verdad en dialogar con su pueblo y al predicador le toca hacerle sentir este gusto del Señor a su gente.

Palabras que hacen arder los corazones

142. Un diálogo es mucho más que la comunicación de una verdad. Se realiza por el gusto de hablar y por el bien concreto que se comunica entre los que se aman por medio de las palabras. Es un bien que no consiste en cosas, sino en las personas mismas que mutuamente se dan en el diálogo. La predicación puramente moralista o adoctrinadora, y también la que se convierte en una clase de exégesis, reducen esta comunicación entre corazones que se da en la homilía y que tiene que tener un carácter cuasi sacramental: "La fe viene de la predicación, y la predicación, por la Palabra de Cristo" (Rom 10:17). En la homilía, la verdad va de la mano de la belleza y del bien. No se trata de verdades abstractas o de fríos silogismos, porque se comunica también la belleza de las imágenes que el Señor utilizaba para estimular a la práctica del bien. La memoria del pueblo fiel, como la de María, debe quedar rebosante de las maravillas de Dios. Su corazón, esperanzado en la práctica alegre y posible del amor que se le comunicó, siente que toda palabra en la Escritura es primero don antes que exigencia.

143. El desafío de una prédica inculturada está en evangelizar la síntesis, no ideas o valores sueltos. Donde está tu síntesis, allí está tu corazón. La diferencia entre iluminar el lugar de síntesis e iluminar ideas sueltas es la misma que hay entre el aburrimiento y el ardor del corazón. El predicador tiene la hermosísima y difícil misión de aunar los corazones que se aman, el del Señor y los de su pueblo. El diálogo entre Dios y su pueblo afianza más la alianza entre ambos y estrecha

el vínculo de la caridad. Durante el tiempo que dura la homilía, los corazones de los creyentes hacen silencio y lo dejan hablar a Él. El Señor y su pueblo se hablan de mil maneras directamente, sin intermediarios. Pero en la homilía quieren que alguien haga de instrumento y exprese los sentimientos, de manera tal que después cada uno elija por dónde sigue su conversación. La palabra es esencialmente mediadora y requiere no sólo de los dos que dialogan sino de un predicador que la represente como tal, convencido de que "no nos predicamos a nosotros mismos, sino a Cristo Jesús como Señor, y a nosotros como siervos vuestros por Jesús" (2 Cor 4:5).

144. Hablar de corazón implica tenerlo no sólo ardiente, sino iluminado por la integridad de la Revelación y por el camino que esa Palabra ha recorrido en el corazón de la Iglesia y de nuestro pueblo fiel a lo largo de su historia. La identidad cristiana, que es ese abrazo bautismal que nos dio de pequeños el Padre, nos hace anhelar, como hijos pródigos —y predilectos en María—, el otro abrazo, el del Padre misericordioso que nos espera en la gloria. Hacer que nuestro pueblo se sienta como en medio de estos dos abrazos es la dura pero hermosa tarea del que predica el Evangelio.

III. LA PREPARACIÓN DE LA PREDICACIÓN

145. La preparación de la predicación es una tarea tan importante que conviene dedicarle un tiempo prolongado de estudio, oración, reflexión y creatividad pastoral. Con mucho cariño quiero detenerme a proponer un camino de preparación de la homilía. Son indicaciones que para algunos podrán parecer obvias, pero considero conveniente sugerirlas para recordar la necesidad de dedicar un tiempo de calidad a este precioso ministerio. Algunos párrocos suelen plantear que esto no es posible debido a la multitud de tareas que deben realizar; sin embargo, me atrevo a pedir que todas las semanas se dedique a esta tarea un tiempo personal y comunitario suficientemente prolongado, aunque deba darse menos tiempo a

otras tareas también importantes. La confianza en el Espíritu Santo que actúa en la predicación no es meramente pasiva, sino activa y *creativa*. Implica ofrecerse como instrumento (cf. Rom 12:1), con todas las propias capacidades, para que puedan ser utilizadas por Dios. Un predicador que no se prepara no es "espiritual"; es deshonesto e irresponsable con los dones que ha recibido.

El culto a la verdad

146. El primer paso, después de invocar al Espíritu Santo, es prestar toda la atención al texto bíblico, que debe ser el fundamento de la predicación. Cuando uno se detiene a tratar de comprender cuál es el mensaje de un texto, ejercita el "culto a la verdad".[113] Es la humildad del corazón que reconoce que la Palabra siempre nos trasciende, que no somos "ni los dueños, ni los árbitros, sino los depositarios, los heraldos, los servidores".[114] Esa actitud de humilde y asombrada veneración de la Palabra se expresa deteniéndose a estudiarla con sumo cuidado y con un santo temor de manipularla. Para poder interpretar un texto bíblico hace falta paciencia, abandonar toda ansiedad y darle tiempo, interés y dedicación *gratuita*. Hay que dejar de lado cualquier preocupación que nos domine para entrar en otro ámbito de serena atención. No vale la pena dedicarse a leer un texto bíblico si uno quiere obtener resultados rápidos, fáciles o inmediatos. Por eso, la preparación de la predicación requiere amor. Uno sólo le dedica un tiempo gratuito y sin prisa a las cosas o a las personas que ama; y aquí se trata de amar a Dios que ha querido *hablar*. A partir de ese amor, uno puede detenerse todo el tiempo que sea necesario, con una actitud de discípulo: "Habla, Señor, que tu siervo escucha" (1 Sam 3:9).

147. Ante todo conviene estar seguros de comprender adecuadamente el significado de las *palabras* que leemos. Quiero insistir en algo que parece evidente pero que no siempre es tenido en cuenta: el texto bíblico que estudiamos tiene dos mil o tres mil años, su

lenguaje es muy distinto del que utilizamos ahora. Por más que nos parezca entender las palabras, que están traducidas a nuestra lengua, eso no significa que comprendemos correctamente cuanto quería expresar el escritor sagrado. Son conocidos los diversos recursos que ofrece el análisis literario: prestar atención a las palabras que se repiten o se destacan, reconocer la estructura y el dinamismo propio de un texto, considerar el lugar que ocupan los personajes, etc. Pero la tarea no apunta a entender todos los pequeños detalles de un texto, lo más importante es descubrir cuál es el mensaje *principal*, el que estructura el texto y le da unidad. Si el predicador no realiza este esfuerzo, es posible que su predicación tampoco tenga unidad ni orden; su discurso será sólo una suma de diversas ideas desarticuladas que no terminarán de movilizar a los demás. El mensaje central es aquello que el autor en primer lugar ha querido transmitir, lo cual implica no sólo reconocer una idea, sino también el efecto que ese autor ha querido producir. Si un texto fue escrito para consolar, no debería ser utilizado para corregir errores; si fue escrito para exhortar, no debería ser utilizado para adoctrinar; si fue escrito para enseñar algo sobre Dios, no debería ser utilizado para explicar diversas opiniones teológicas; si fue escrito para motivar la alabanza o la tarea misionera, no lo utilicemos para informar acerca de las últimas noticias.

148. Es verdad que, para entender adecuadamente el sentido del mensaje central de un texto, es necesario ponerlo en conexión con la enseñanza de toda la Biblia, transmitida por la Iglesia. Éste es un principio importante de la interpretación bíblica, que tiene en cuenta que el Espíritu Santo no inspiró sólo una parte, sino la Biblia entera, y que en algunas cuestiones el pueblo ha crecido en su comprensión de la voluntad de Dios a partir de la experiencia vivida. Así se evitan interpretaciones equivocadas o parciales, que nieguen otras enseñanzas de las mismas Escrituras. Pero esto no significa debilitar el acento propio y específico del texto que corresponde predicar. Uno de los defectos de una predicación tediosa e ineficaz

es precisamente no poder transmitir la fuerza propia del texto que se ha proclamado.

La personalización de la Palabra

149. El predicador "debe ser el primero en tener una gran familiaridad personal con la Palabra de Dios: no le basta conocer su aspecto lingüístico o exegético, que es también necesario; necesita acercarse a la Palabra con un corazón dócil y orante, para que ella penetre a fondo en sus pensamientos y sentimientos y engendre dentro de sí una mentalidad nueva".[115] Nos hace bien renovar cada día, cada domingo, nuestro fervor al preparar la homilía, y verificar si en nosotros mismos crece el amor por la Palabra que predicamos. No es bueno olvidar que "en particular, la mayor o menor santidad del ministro influye realmente en el anuncio de la Palabra".[116] Como dice san Pablo, "predicamos no buscando agradar a los hombres, sino a Dios, que examina nuestros corazones" (1 Tes 2:4). Si está vivo este deseo de escuchar primero nosotros la Palabra que tenemos que predicar, ésta se transmitirá de una manera u otra al Pueblo fiel de Dios: "de la abundancia del corazón habla la boca" (Mt 12:34). Las lecturas del domingo resonarán con todo su esplendor en el corazón del pueblo si primero resonaron así en el corazón del Pastor.

150. Jesús se irritaba frente a esos pretendidos maestros, muy exigentes con los demás, que enseñaban la Palabra de Dios, pero no se dejaban iluminar por ella: "Atan cargas pesadas y las ponen sobre los hombros de los demás, mientras ellos no quieren moverlas ni siquiera con el dedo" (Mt 23:4). El Apóstol Santiago exhortaba: "No os hagáis maestros muchos de vosotros, hermanos míos, sabiendo que tendremos un juicio más severo" (3:1). Quien quiera predicar, primero debe estar dispuesto a dejarse conmover por la Palabra y a hacerla carne en su existencia concreta. De esta manera, la predicación consistirá en esa actividad tan intensa y fecunda que es "comunicar a otros lo que uno ha contemplado".[117] Por todo esto, antes

de preparar concretamente lo que uno va a decir en la predicación, primero tiene que aceptar ser herido por esa Palabra que herirá a los demás, porque es una Palabra *viva* y *eficaz*, que como una espada, "penetra hasta la división del alma y el espíritu, articulaciones y médulas, y escruta los sentimientos y pensamientos del corazón" (Hb 4,12). Esto tiene un valor pastoral. También en esta época la gente prefiere escuchar a los testigos: "tiene sed de autenticidad . . . Exige a los evangelizadores que le hablen de un Dios a quien ellos conocen y tratan familiarmente como si lo estuvieran viendo".[118]

151. No se nos pide que seamos inmaculados, pero sí que estemos siempre en crecimiento, que vivamos el deseo profundo de crecer en el camino del Evangelio, y no bajemos los brazos. Lo indispensable es que el predicador tenga la seguridad de que Dios lo ama, de que Jesucristo lo ha salvado, de que su amor tiene siempre la última palabra. Ante tanta belleza, muchas veces sentirá que su vida no le da gloria plenamente y deseará sinceramente responder mejor a un amor tan grande. Pero si no se detiene a escuchar esa Palabra con apertura sincera, si no deja que toque su propia vida, que le reclame, que lo exhorte, que lo movilice, si no dedica un tiempo para orar con esa Palabra, entonces sí será un falso profeta, un estafador o un charlatán vacío. En todo caso, desde el reconocimiento de su pobreza y con el deseo de comprometerse más, siempre podrá entregar a Jesucristo, diciendo como Pedro: "No tengo plata ni oro, pero lo que tengo te lo doy" (Hechos 3:6). El Señor quiere usarnos como seres vivos, libres y creativos, que se dejan penetrar por su Palabra antes de transmitirla; su mensaje debe pasar realmente a través del predicador, pero no sólo por su razón, sino tomando posesión de todo su ser. El Espíritu Santo, que inspiró la Palabra, es quien "hoy, igual que en los comienzos de la Iglesia, actúa en cada evangelizador que se deja poseer y conducir por Él, y pone en sus labios las palabras que por sí solo no podría hallar".[119]

152. Hay una forma concreta de escuchar lo que el Señor nos quiere decir en su Palabra y de dejarnos transformar por el Espíritu. Es lo que llamamos "*lectio divina*". Consiste en la lectura de la Palabra de Dios en un momento de oración para permitirle que nos ilumine y nos renueve. Esta lectura orante de la Biblia no está separada del estudio que realiza el predicador para descubrir el mensaje central del texto; al contrario, debe partir de allí, para tratar de descubrir qué le dice *ese mismo mensaje* a la propia vida. La lectura espiritual de un texto debe partir de su sentido literal. De otra manera, uno fácilmente le hará decir a ese texto lo que le conviene, lo que le sirva para confirmar sus propias decisiones, lo que se adapta a sus propios esquemas mentales. Esto, en definitiva, será utilizar algo sagrado para el propio beneficio y trasladar esa confusión al Pueblo de Dios. Nunca hay que olvidar que a veces "el mismo Satanás se disfraza de ángel de luz" (2 Cor 11:14).

153. En la presencia de Dios, en una lectura reposada del texto, es bueno preguntar, por ejemplo: "Señor, ¿qué me dice *a mí* este texto? ¿Qué quieres cambiar de mi vida con este mensaje? ¿Qué me molesta en este texto? ¿Por qué esto no me interesa?", o bien: "¿Qué me agrada? ¿Qué me estimula de esta Palabra? ¿Qué me atrae? ¿Por qué me atrae?". Cuando uno intenta escuchar al Señor, suele haber tentaciones. Una de ellas es simplemente sentirse molesto o abrumado y cerrarse; otra tentación muy común es comenzar a pensar lo que el texto dice a otros, para evitar aplicarlo a la propia vida. También sucede que uno comienza a buscar excusas que le permitan diluir el mensaje específico de un texto. Otras veces pensamos que Dios nos exige una decisión demasiado grande, que no estamos todavía en condiciones de tomar. Esto lleva a muchas personas a perder el gozo en su encuentro con la Palabra, pero sería olvidar que nadie es más paciente que el Padre Dios, que nadie comprende y espera como Él. Invita siempre a dar un paso más, pero no exige una

respuesta plena si todavía no hemos recorrido el camino que la hace posible. Simplemente quiere que miremos con sinceridad la propia existencia y la presentemos sin mentiras ante sus ojos, que estemos dispuestos a seguir creciendo, y que le pidamos a Él lo que todavía no podemos lograr.

Un oído en el pueblo

154. El predicador necesita también poner un oído *en el pueblo*, para descubrir lo que los fieles necesitan escuchar. Un predicador es un contemplativo de la Palabra y también un contemplativo del pueblo. De esa manera, descubre "las aspiraciones, las riquezas y los límites, las maneras de orar, de amar, de considerar la vida y el mundo, que distinguen a tal o cual conjunto humano", prestando atención "al pueblo *concreto* con sus signos y símbolos, y respondiendo a las cuestiones que plantea".[120] Se trata de conectar el mensaje del texto bíblico con una situación humana, con algo que ellos viven, con una experiencia que necesite la luz de la Palabra. Esta preocupación no responde a una actitud oportunista o diplomática, sino que es profundamente religiosa y pastoral. En el fondo es una "sensibilidad espiritual para leer en los acontecimientos el mensaje de Dios"[121] y esto es mucho más que encontrar algo interesante para decir. Lo que se procura descubrir es *lo que el Señor desea decir* en una determinada circunstancia".[122] Entonces, la preparación de la predicación se convierte en un ejercicio de *discernimiento evangélico*, donde se intenta reconocer —a la luz del Espíritu— "una llamada que Dios hace oír en una situación histórica determinada; en ella y por medio de ella Dios llama al creyente".[123]

155. En esta búsqueda es posible acudir simplemente a alguna experiencia humana frecuente, como la alegría de un reencuentro, las desilusiones, el miedo a la soledad, la compasión por el dolor ajeno, la inseguridad ante el futuro, la preocupación por un ser querido, etc.; pero hace falta ampliar la sensibilidad para reconocer lo que

tenga que ver realmente con la vida de ellos. Recordemos que nunca hay que *responder preguntas que nadie se hace*; tampoco conviene ofrecer crónicas de la actualidad para despertar interés: para eso ya están los programas televisivos. En todo caso, es posible partir de algún hecho para que la Palabra pueda resonar con fuerza en su invitación a la conversión, a la adoración, a actitudes concretas de fraternidad y de servicio, etc., porque a veces algunas personas disfrutan escuchando comentarios sobre la realidad en la predicación, pero no por ello se dejan interpelar personalmente.

Recursos pedagógicos

156. Algunos creen que pueden ser buenos predicadores por saber lo que tienen que decir, pero descuidan el *cómo*, la forma concreta de desarrollar una predicación. Se quejan cuando los demás no los escuchan o no los valoran, pero quizás no se han empeñado en buscar la forma adecuada de presentar el mensaje. Recordemos que "la evidente importancia del contenido no debe hacer olvidar la importancia de los métodos y medios de la evangelización".[124] La preocupación por la forma de predicar también es una actitud profundamente espiritual. Es responder al amor de Dios, entregándonos con todas nuestras capacidades y nuestra creatividad a la misión que Él nos confía; pero también es un ejercicio exquisito de amor al prójimo, porque no queremos ofrecer a los demás algo de escasa calidad. En la Biblia, por ejemplo, encontramos la recomendación de preparar la predicación en orden a asegurar una extensión adecuada: "Resume tu discurso. Di mucho en pocas palabras" (Si 32:8).

157. Sólo para ejemplificar, recordemos algunos recursos prácticos, que pueden enriquecer una predicación y volverla más atractiva. Uno de los esfuerzos más necesarios es aprender a usar imágenes en la predicación, es decir, a hablar con imágenes. A veces se utilizan ejemplos para hacer más comprensible algo que se quiere explicar, pero esos ejemplos suelen apuntar sólo al entendimiento; las

imágenes, en cambio, ayudan a valorar y aceptar el mensaje que se quiere transmitir. Una imagen atractiva hace que el mensaje se sienta como algo familiar, cercano, posible, conectado con la propia vida. Una imagen bien lograda puede llevar a gustar el mensaje que se quiere transmitir, despierta un deseo y motiva a la voluntad en la dirección del Evangelio. Una buena homilía, como me decía un viejo maestro, debe contener "una idea, un sentimiento, una imagen".

158. Ya decía Pablo VI que los fieles "esperan mucho de esta predicación y sacan fruto de ella con tal que sea sencilla, clara, directa, acomodada".[125] La sencillez tiene que ver con el lenguaje utilizado. Debe ser el lenguaje que comprenden los destinatarios para no correr el riesgo de hablar al vacío. Frecuentemente sucede que los predicadores usan palabras que aprendieron en sus estudios y en determinados ambientes, pero que no son parte del lenguaje común de las personas que los escuchan. Hay palabras propias de la teología o de la catequesis, cuyo sentido no es comprensible para la mayoría de los cristianos. El mayor riesgo para un predicador es acostumbrarse a su propio lenguaje y pensar que todos los demás lo usan y lo comprenden espontáneamente. Si uno quiere adaptarse al lenguaje de los demás para poder llegar a ellos con la Palabra, tiene que escuchar mucho, necesita compartir la vida de la gente y prestarle una gustosa atención. La sencillez y la claridad son dos cosas diferentes. El lenguaje puede ser muy sencillo, pero la prédica puede ser poco clara. Se puede volver incomprensible por el desorden, por su falta de lógica, o porque trata varios temas al mismo tiempo. Por lo tanto, otra tarea necesaria es procurar que la predicación tenga unidad temática, un orden claro y una conexión entre las frases, de manera que las personas puedan seguir fácilmente al predicador y captar la lógica de lo que les dice.

159. Otra característica es el lenguaje positivo. No dice tanto lo que no hay que hacer sino que propone lo que podemos hacer mejor.

En todo caso, si indica algo negativo, siempre intenta mostrar también un valor positivo que atraiga, para no quedarse en la queja, el lamento, la crítica o el remordimiento. Además, una predicación positiva siempre da esperanza, orienta hacia el futuro, no nos deja encerrados en la negatividad. ¡Qué bueno que sacerdotes, diáconos y laicos se reúnan periódicamente para encontrar juntos los recursos que hacen más atractiva la predicación!

IV. UNA EVANGELIZACIÓN PARA LA PROFUNDIZACIÓN DEL *KERYGMA*

160. El envío misionero del Señor incluye el llamado al crecimiento de la fe cuando indica: "enseñándoles a observar todo lo que os he mandado" (Mt 28:20). Así queda claro que el primer anuncio debe provocar también un camino de formación y de maduración. La evangelización también busca el crecimiento, que implica tomarse muy en serio a cada persona y el proyecto que Dios tiene sobre ella. Cada ser humano necesita más y más de Cristo, y la evangelización no debería consentir que alguien se conforme con poco, sino que pueda decir plenamente: "Ya no vivo yo, sino que Cristo vive en mí" (Gal 2:20).

161. No sería correcto interpretar este llamado al crecimiento exclusiva o prioritariamente como una formación doctrinal. Se trata de "observar" lo que el Señor nos ha indicado, como respuesta a su amor, donde se destaca, junto con todas las virtudes, aquel mandamiento nuevo que es el primero, el más grande, el que mejor nos identifica como discípulos: "Éste es mi mandamiento, que os améis unos a otros como yo os he amado" (Jn 15:12). Es evidente que cuando los autores del Nuevo Testamento quieren reducir a una última síntesis, a lo más esencial, el mensaje moral cristiano, nos presentan la exigencia ineludible del amor al prójimo: "Quien ama *al prójimo* ya ha cumplido la ley . . . De modo que amar es cumplir la ley entera" (Rom 13:8, 10). Así san Pablo, para quien el precepto

del amor no sólo resume la ley sino que constituye su corazón y razón de ser: "Toda la ley alcanza su plenitud en este *solo* precepto: Amarás *a tu prójimo* como a ti mismo" (Gal 5:14). Y presenta a sus comunidades la vida cristiana como un camino de crecimiento en el amor: "Que el Señor os haga progresar y sobreabundar en el amor de unos con otros, y en el amor para con todos" (1 Tes 3:12). También Santiago exhorta a los cristianos a cumplir "la ley *real* según la Escritura: Amarás *a tu prójimo* como a ti mismo" (2:8), para no fallar en ningún precepto.

162. Por otra parte, este camino de respuesta y de crecimiento está siempre precedido por el don, porque lo antecede aquel otro pedido del Señor: "bautizándolos en el nombre . . ." (Mt 28:19). La filiación que el Padre regala gratuitamente y la iniciativa del don de su gracia (cf. Ef 2:8-9; 1 Cor 4:7) son la condición de posibilidad de esta santificación constante que agrada a Dios y le da gloria. Se trata de dejarse transformar en Cristo por una progresiva vida "según el Espíritu" (Rom 8:5).

Una catequesis kerygmática y mistagógica

163. La educación y la catequesis están al servicio de este crecimiento. Ya contamos con varios textos magisteriales y subsidios sobre la catequesis ofrecidos por la Santa Sede y por diversos episcopados. Recuerdo la Exhortación apostólica *Catechesi Tradendae* (1979), el *Directorio general para la catequesis* (1997) y otros documentos cuyo contenido actual no es necesario repetir aquí. Quisiera detenerme sólo en algunas consideraciones que me parece conveniente destacar.

164. Hemos redescubierto que también en la catequesis tiene un rol fundamental el primer anuncio o "*kerygma*", que debe ocupar el centro de la actividad evangelizadora y de todo intento de renovación eclesial. El *kerygma* es trinitario. Es el fuego del Espíritu que se

dona en forma de lenguas y nos hace creer en Jesucristo, que con su muerte y resurrección nos revela y nos comunica la misericordia infinita del Padre. En la boca del catequista vuelve a resonar siempre el primer anuncio: "Jesucristo te ama, dio su vida para salvarte, y ahora está vivo a tu lado cada día, para iluminarte, para fortalecerte, para liberarte". Cuando a este primer anuncio se le llama "primero", eso no significa que está al comienzo y después se olvida o se reemplaza por otros contenidos que lo superan. Es el primero en un sentido cualitativo, porque es el anuncio *principal*, ese que siempre hay que volver a escuchar de diversas maneras y ese que siempre hay que volver a anunciar de una forma o de otra a lo largo de la catequesis, en todas sus etapas y momentos.[126] Por ello, también "el sacerdote, como la Iglesia, debe crecer en la conciencia de su permanente necesidad de ser evangelizado".[127]

165. No hay que pensar que en la catequesis el *kerygma* es abandonado en pos de una formación supuestamente más "sólida". Nada hay más sólido, más profundo, más seguro, más denso y más sabio que ese anuncio. Toda formación cristiana es ante todo la profundización del *kerygma* que se va haciendo carne cada vez más y mejor, que nunca deja de iluminar la tarea catequística, y que permite comprender adecuadamente el sentido de cualquier tema que se desarrolle en la catequesis. Es el anuncio que responde al anhelo de infinito que hay en todo corazón humano. La centralidad del *kerygma* demanda ciertas características del anuncio que hoy son necesarias en todas partes: que exprese el amor salvífico de Dios previo a la obligación moral y religiosa, que no imponga la verdad y que apele a la libertad, que posea unas notas de alegría, estímulo, vitalidad, y una integralidad armoniosa que no reduzca la predicación a unas pocas doctrinas a veces más filosóficas que evangélicas. Esto exige al evangelizador ciertas actitudes que ayudan a acoger mejor el anuncio: cercanía, apertura al diálogo, paciencia, acogida cordial que no condena.

166. Otra característica de la catequesis, que se ha desarrollado en las últimas décadas, es la de una iniciación *mistagógica*,[128] que significa básicamente dos cosas: la necesaria progresividad de la experiencia formativa donde interviene toda la comunidad y una renovada valoración de los signos litúrgicos de la iniciación cristiana. Muchos manuales y planificaciones todavía no se han dejado interpelar por la necesidad de una renovación mistagógica, que podría tomar formas muy diversas de acuerdo con el discernimiento de cada comunidad educativa. El encuentro catequístico es un anuncio de la Palabra y está centrado en ella, pero siempre necesita una adecuada ambientación y una atractiva motivación, el uso de símbolos elocuentes, su inserción en un amplio proceso de crecimiento y la integración de todas las dimensiones de la persona en un camino comunitario de escucha y de respuesta.

167. Es bueno que toda catequesis preste una especial atención al "camino de la belleza" (*via pulchritudinis*).[129] Anunciar a Cristo significa mostrar que creer en Él y seguirlo no es sólo algo verdadero y justo, sino también bello, capaz de colmar la vida de un nuevo resplandor y de un gozo profundo, aun en medio de las pruebas. En esta línea, todas las expresiones de verdadera belleza pueden ser reconocidas como un sendero que ayuda a encontrarse con el Señor Jesús. No se trata de fomentar un relativismo estético,[130] que pueda oscurecer el lazo inseparable entre verdad, bondad y belleza, sino de recuperar la estima de la belleza para poder llegar al corazón humano y hacer resplandecer en él la verdad y la bondad del Resucitado. Si, como dice san Agustín, nosotros no amamos sino lo que es bello,[131] el Hijo hecho hombre, revelación de la infinita belleza, es sumamente amable, y nos atrae hacia sí con lazos de amor. Entonces se vuelve necesario que la formación en la *via pulchritudinis* esté inserta en la transmisión de la fe. Es deseable que cada Iglesia particular aliente el uso de las artes en su tarea evangelizadora, en continuidad con la riqueza del pasado, pero también en la vastedad de sus múltiples expresiones actuales, en orden a transmitir la fe en un nuevo

"lenguaje parabólico".[132] Hay que atreverse a encontrar los nuevos signos, los nuevos símbolos, una nueva carne para la transmisión de la Palabra, las formas diversas de belleza que se valoran en diferentes ámbitos culturales, e incluso aquellos modos no convencionales de belleza, que pueden ser poco significativos para los evangelizadores, pero que se han vuelto particularmente atractivos para otros.

168. En lo que se refiere a la propuesta moral de la catequesis, que invita a crecer en fidelidad al estilo de vida del Evangelio, conviene manifestar siempre el bien deseable, la propuesta de vida, de madurez, de realización, de fecundidad, bajo cuya luz puede comprenderse nuestra denuncia de los males que pueden oscurecerla. Más que como expertos en diagnósticos apocalípticos u oscuros jueces que se ufanan en detectar todo peligro o desviación, es bueno que puedan vernos como alegres mensajeros de propuestas superadoras, custodios del bien y la belleza que resplandecen en una vida fiel al Evangelio.

El acompañamiento personal
de los procesos de crecimiento

169. En una civilización paradójicamente herida de anonimato y, a la vez obsesionada por los detalles de la vida de los demás, impudorosamente enferma de curiosidad malsana, la Iglesia necesita la mirada cercana para contemplar, conmoverse y detenerse ante el otro cuantas veces sea necesario. En este mundo los ministros ordenados y los demás agentes pastorales pueden hacer presente la fragancia de la presencia cercana de Jesús y su mirada personal. La Iglesia tendrá que iniciar a sus hermanos —sacerdotes, religiosos y laicos— en este "arte del acompañamiento", para que todos aprendan siempre a quitarse las sandalias ante la tierra sagrada del otro (cf. Ex 3:5). Tenemos que darle a nuestro caminar el ritmo sanador de projimidad, con una mirada respetuosa y llena de compasión

pero que al mismo tiempo sane, libere y aliente a madurar en la vida cristiana.

170. Aunque suene obvio, el acompañamiento espiritual debe llevar más y más a Dios, en quien podemos alcanzar la verdadera libertad. Algunos se creen libres cuando caminan al margen de Dios, sin advertir que se quedan existencialmente huérfanos, desamparados, sin un hogar donde retornar siempre. Dejan de ser peregrinos y se convierten en errantes, que giran siempre en torno a sí mismos sin llegar a ninguna parte. El acompañamiento sería contraproducente si se convirtiera en una suerte de terapia que fomente este encierro de las personas en su inmanencia y deje de ser una peregrinación con Cristo hacia el Padre.

171. Más que nunca necesitamos de hombres y mujeres que, desde su experiencia de acompañamiento, conozcan los procesos donde campea la prudencia, la capacidad de comprensión, el arte de esperar, la docilidad al Espíritu, para cuidar entre todos a las ovejas que se nos confían de los lobos que intentan disgregar el rebaño. Necesitamos ejercitarnos en el arte de escuchar, que es más que oír. Lo primero, en la comunicación con el otro, es la capacidad del corazón que hace posible la proximidad, sin la cual no existe un verdadero encuentro espiritual. La escucha nos ayuda a encontrar el gesto y la palabra oportuna que nos desinstala de la tranquila condición de espectadores. Sólo a partir de esta escucha respetuosa y compasiva se pueden encontrar los caminos de un genuino crecimiento, despertar el deseo del ideal cristiano, las ansias de responder plenamente al amor de Dios y el anhelo de desarrollar lo mejor que Dios ha sembrado en la propia vida. Pero siempre con la paciencia de quien sabe aquello que enseñaba santo Tomás de Aquino: que alguien puede tener la gracia y la caridad, pero no ejercitar bien alguna de las virtudes "a causa de algunas inclinaciones contrarias" que persisten.[133] Es decir, la organicidad de las virtudes se da siempre y necesariamente "*in habitu*", aunque los condicionamientos puedan

dificultar las *operaciones* de esos hábitos virtuosos. De ahí que haga falta "una pedagogía que lleve a las personas, paso a paso, a la plena asimilación del misterio".[134] Para llegar a un punto de madurez, es decir, para que las personas sean capaces de decisiones verdaderamente libres y responsables, es preciso dar tiempo, con una inmensa paciencia. Como decía el beato Pedro Fabro: "El tiempo es el mensajero de Dios".

172. El acompañante sabe reconocer que la situación de cada sujeto ante Dios y su vida en gracia es un misterio que nadie puede conocer plenamente desde afuera. El Evangelio nos propone corregir y ayudar a crecer a una persona a partir del reconocimiento de la maldad objetiva de sus acciones (cf. Mt 18:15), pero sin emitir juicios sobre su responsabilidad y su culpabilidad (cf. Mt 7:1; Lc 6:37). De todos modos, un buen acompañante no consiente los fatalismos o la pusilanimidad. Siempre invita a querer curarse, a cargar la camilla, a abrazar la cruz, a dejarlo todo, a salir siempre de nuevo a anunciar el Evangelio. La propia experiencia de dejarnos acompañar y curar, capaces de expresar con total sinceridad nuestra vida ante quien nos acompaña, nos enseña a ser pacientes y compasivos con los demás y nos capacita para encontrar las maneras de despertar su confianza, su apertura y su disposición para crecer.

173. El auténtico acompañamiento espiritual siempre se inicia y se lleva adelante en el ámbito del servicio a la misión evangelizadora. La relación de Pablo con Timoteo y Tito es ejemplo de este acompañamiento y formación en medio de la acción apostólica. Al mismo tiempo que les confía la misión de quedarse en cada ciudad para "terminar de organizarlo todo" (Ti 1:5; cf. 1 Tim 1:3-5), les da criterios para la vida personal y para la acción pastoral. Esto se distingue claramente de todo tipo de acompañamiento intimista, de autorrealización aislada. Los discípulos misioneros acompañan a los discípulos misioneros.

174. No sólo la homilía debe alimentarse de la Palabra de Dios. Toda la evangelización está fundada sobre ella, escuchada, meditada, vivida, celebrada y testimoniada. Las Sagradas Escrituras son fuente de la evangelización. Por lo tanto, hace falta formarse continuamente en la escucha de la Palabra. La Iglesia no evangeliza si no se deja continuamente evangelizar. Es indispensable que la Palabra de Dios "sea cada vez más el corazón de toda actividad eclesial".[135] La Palabra de Dios escuchada y celebrada, sobre todo en la Eucaristía, alimenta y refuerza interiormente a los cristianos y los vuelve capaces de un auténtico testimonio evangélico en la vida cotidiana. Ya hemos superado aquella vieja contraposición entre Palabra y Sacramento. La Palabra proclamada, viva y eficaz, prepara la recepción del Sacramento, y en el Sacramento esa Palabra alcanza su máxima eficacia.

175. El estudio de las Sagradas Escrituras debe ser una puerta abierta a todos los creyentes.[136] Es fundamental que la Palabra revelada fecunde radicalmente la catequesis y todos los esfuerzos por transmitir la fe.[137] La evangelización requiere la familiaridad con la Palabra de Dios y esto exige a las diócesis, parroquias y a todas las agrupaciones católicas, proponer un estudio serio y perseverante de la Biblia, así como promover su lectura orante personal y comunitaria.[138] Nosotros no buscamos a tientas ni necesitamos esperar que Dios nos dirija la palabra, porque realmente "Dios ha hablado, ya no es el gran desconocido sino que se ha mostrado".[139] Acojamos el sublime tesoro de la Palabra revelada.

CAPÍTULO CUARTO
La dimensión social de la evangelización

176. Evangelizar es hacer presente en el mundo el Reino de Dios. Pero "ninguna definición parcial o fragmentaria refleja la realidad rica, compleja y dinámica que comporta la evangelización, si no es con el riesgo de empobrecerla e incluso mutilarla".[140] Ahora quisiera compartir mis inquietudes acerca de la dimensión social de la evangelización precisamente porque, si esta dimensión no está debidamente explicitada, siempre se corre el riesgo de desfigurar el sentido auténtico e integral que tiene la misión evangelizadora.

I. LAS REPERCUSIONES COMUNITARIAS Y SOCIALES DEL *KERYGMA*

177. El *kerygma* tiene un contenido ineludiblemente social: en el corazón mismo del Evangelio está la vida comunitaria y el compromiso con los otros. El contenido del primer anuncio tiene una inmediata repercusión moral cuyo centro es la caridad.

Confesión de la fe y compromiso social

178. Confesar a un Padre que ama infinitamente a cada ser humano implica descubrir que "con ello le confiere una dignidad infinita".[141] Confesar que el Hijo de Dios asumió nuestra carne humana significa que cada persona humana ha sido elevada al corazón mismo de Dios. Confesar que Jesús dio su sangre por nosotros nos impide conservar alguna duda acerca del amor sin límites que ennoblece a todo ser humano. Su redención tiene un sentido social porque "Dios, en

Cristo, no redime solamente la persona individual, sino también las relaciones sociales entre los hombres".[142] Confesar que el Espíritu Santo actúa en todos implica reconocer que Él procura penetrar toda situación humana y todos los vínculos sociales: "El Espíritu Santo posee una inventiva infinita, propia de una mente divina, que provee a desatar los nudos de los sucesos humanos, incluso los más complejos e impenetrables".[143] La evangelización procura cooperar también con esa acción liberadora del Espíritu. El misterio mismo de la Trinidad nos recuerda que fuimos hechos a imagen de esa comunión divina, por lo cual no podemos realizarnos ni salvarnos solos.

Desde el corazón del Evangelio reconocemos la íntima conexión que existe entre evangelización y promoción humana, que necesariamente debe expresarse y desarrollarse en toda acción evangelizadora. La aceptación del primer anuncio, que invita a dejarse amar por Dios y a amarlo con el amor que Él mismo nos comunica, provoca en la vida de la persona y en sus acciones una primera y fundamental reacción: desear, buscar y cuidar el bien de los demás.

179. Esta inseparable conexión entre la recepción del anuncio salvífico y un efectivo amor fraterno está expresada en algunos textos de las Escrituras que conviene considerar y meditar detenidamente para extraer de ellos todas sus consecuencias. Es un mensaje al cual frecuentemente nos acostumbramos, lo repetimos casi mecánicamente, pero no nos aseguramos de que tenga una real incidencia en nuestras vidas y en nuestras comunidades. ¡Qué peligroso y qué dañino es este acostumbramiento que nos lleva a perder el asombro, la cautivación, el entusiasmo por vivir el Evangelio de la fraternidad y la justicia! La Palabra de Dios enseña que en el hermano está la permanente prolongación de la Encarnación para cada uno de nosotros: "Lo que hicisteis a uno de estos hermanos míos más pequeños, lo hicisteis a mí" (Mt 25:40). Lo que hagamos con los demás tiene una dimensión trascendente: "Con la medida con que midáis, se os medirá" (Mt 7:2); y responde a la misericordia divina con nosotros:

"Sed compasivos como vuestro Padre es compasivo. No juzguéis y no seréis juzgados; no condenéis y no seréis condenados; perdonad y seréis perdonados; dad y se os dará . . . Con la medida con que midáis, se os medirá" (Lc 6:36-38). Lo que expresan estos textos es la absoluta prioridad de la "salida de sí hacia el hermano" como uno de los dos mandamientos principales que fundan toda norma moral y como el signo más claro para discernir acerca del camino de crecimiento espiritual en respuesta a la donación absolutamente gratuita de Dios. Por eso mismo "el servicio de la caridad es también una dimensión constitutiva de la misión de la Iglesia y expresión irrenunciable de su propia esencia".[144] Así como la Iglesia es misionera por naturaleza, también brota ineludiblemente de esa naturaleza la caridad efectiva con el prójimo, la compasión que comprende, asiste y promueve.

El Reino que nos reclama

180. Leyendo las Escrituras queda por demás claro que la propuesta del Evangelio no es sólo la de una relación personal con Dios. Nuestra respuesta de amor tampoco debería entenderse como una mera suma de pequeños gestos personales dirigidos a algunos individuos necesitados, lo cual podría constituir una "caridad a la carta", una serie de acciones tendentes sólo a tranquilizar la propia conciencia. La propuesta *es el Reino de Dios* (cf. Lc 4:43); se trata de amar a Dios que reina en el mundo. En la medida en que Él logre reinar entre nosotros, la vida social será ámbito de fraternidad, de justicia, de paz, de dignidad para todos. Entonces, tanto el anuncio como la experiencia cristiana tienden a provocar consecuencias sociales. Buscamos su Reino: "Buscad ante todo el Reino de Dios y su justicia, y todo lo demás vendrá por añadidura" (Mt 6:33). El proyecto de Jesús es instaurar el Reino de su Padre; Él pide a sus discípulos: "¡Proclamad que está llegando el Reino de los cielos!" (Mt 10:7).

181. El Reino que se anticipa y crece entre nosotros lo toca todo y nos recuerda aquel principio de discernimiento que Pablo VI proponía con relación al verdadero desarrollo: "Todos los hombres y todo el hombre".[145] Sabemos que "la evangelización no sería completa si no tuviera en cuenta la interpelación recíproca que en el curso de los tiempos se establece entre el Evangelio y la vida concreta, personal y social del hombre".[146] Se trata del criterio de universalidad, propio de la dinámica del Evangelio, ya que el Padre desea que todos los hombres se salven y su plan de salvación consiste en "recapitular todas las cosas, las del cielo y las de la tierra, bajo un solo jefe, que es Cristo" (Ef 1:10). El mandato es: "Id por todo el mundo, anunciad la Buena Noticia a toda la creación" (Mc 16:15), porque "toda la creación espera ansiosamente esta revelación de los hijos de Dios" (Rom 8:19). Toda la creación quiere decir también todos los aspectos de la vida humana, de manera que "la misión del anuncio de la Buena Nueva de Jesucristo tiene una destinación universal. Su mandato de caridad abraza todas las dimensiones de la existencia, todas las personas, todos los ambientes de la convivencia y todos los pueblos. Nada de lo humano le puede resultar extraño".[147] La verdadera esperanza cristiana, que busca el Reino escatológico, siempre genera historia.

La enseñanza de la Iglesia sobre cuestiones sociales

182. Las enseñanzas de la Iglesia sobre situaciones contingentes están sujetas a mayores o nuevos desarrollos y pueden ser objeto de discusión, pero no podemos evitar ser concretos —sin pretender entrar en detalles— para que los grandes principios sociales no se queden en meras generalidades que no interpelan a nadie. Hace falta sacar sus consecuencias prácticas para que "puedan incidir eficazmente también en las complejas situaciones actuales".[148] Los Pastores, acogiendo los aportes de las distintas ciencias, tienen derecho a emitir opiniones sobre todo aquello que afecte a la vida de las personas, ya que la tarea evangelizadora implica y exige una

promoción integral de cada ser humano. Ya no se puede decir que la religión debe recluirse en el ámbito privado y que está sólo para preparar las almas para el cielo. Sabemos que Dios quiere la felicidad de sus hijos también en esta tierra, aunque estén llamados a la plenitud eterna, porque Él creó todas las cosas "para que las disfrutemos" (1 Tim 6:17), para que *todos* puedan disfrutarlas. De ahí que la conversión cristiana exija revisar "especialmente todo lo que pertenece al orden social y a la obtención del bien común".[149]

183. Por consiguiente, nadie puede exigirnos que releguemos la religión a la intimidad secreta de las personas, sin influencia alguna en la vida social y nacional, sin preocuparnos por la salud de las instituciones de la sociedad civil, sin opinar sobre los acontecimientos que afectan a los ciudadanos. ¿Quién pretendería encerrar en un templo y acallar el mensaje de san Francisco de Asís y de la beata Teresa de Calcuta? Ellos no podrían aceptarlo. Una auténtica fe —que nunca es cómoda e individualista— siempre implica un profundo deseo de cambiar el mundo, de transmitir valores, de dejar algo mejor detrás de nuestro paso por la tierra. Amamos este magnífico planeta donde Dios nos ha puesto, y amamos a la humanidad que lo habita, con todos sus dramas y cansancios, con sus anhelos y esperanzas, con sus valores y fragilidades. La tierra es nuestra casa común y todos somos hermanos. Si bien "el orden justo de la sociedad y del Estado es una tarea principal de la política", la Iglesia "no puede ni debe quedarse al margen en la lucha por la justicia".[150] Todos los cristianos, también los Pastores, están llamados a preocuparse por la construcción de un mundo mejor. De eso se trata, porque el pensamiento social de la Iglesia es ante todo positivo y propositivo, orienta una acción transformadora, y en ese sentido no deja de ser un signo de esperanza que brota del corazón amante de Jesucristo. Al mismo tiempo, une "el propio compromiso al que ya llevan a cabo en el campo social las demás Iglesias y Comunidades eclesiales, tanto en el ámbito de la reflexión doctrinal como en el ámbito práctico".[151]

184. No es el momento para desarrollar aquí todas las graves cuestiones sociales que afectan al mundo actual, algunas de las cuales comenté en el capítulo segundo. Éste no es un documento social, y para reflexionar acerca de esos diversos temas tenemos un instrumento muy adecuado en el *Compendio de la Doctrina Social de la Iglesia*, cuyo uso y estudio recomiendo vivamente. Además, ni el Papa ni la Iglesia tienen el monopolio en la interpretación de la realidad social o en la propuesta de soluciones para los problemas contemporáneos. Puedo repetir aquí lo que lúcidamente indicaba Pablo VI: "Frente a situaciones tan diversas, nos es difícil pronunciar una palabra única, como también proponer una solución con valor universal. No es éste nuestro propósito ni tampoco nuestra misión. Incumbe a las comunidades cristianas analizar con objetividad la situación propia de su país".[152]

185. A continuación procuraré concentrarme en dos grandes cuestiones que me parecen fundamentales en este momento de la historia. Las desarrollaré con bastante amplitud porque considero que determinarán el futuro de la humanidad. Se trata, en primer lugar, de la inclusión social de los pobres y, luego, de la paz y el diálogo social.

II. LA INCLUSIÓN SOCIAL DE LOS POBRES

186. De nuestra fe en Cristo hecho pobre, y siempre cercano a los pobres y excluidos, brota la preocupación por el desarrollo integral de los más abandonados de la sociedad.

Unidos a Dios escuchamos un clamor

187. Cada cristiano y cada comunidad están llamados a ser instrumentos de Dios para la liberación y promoción de los pobres, de manera que puedan integrarse plenamente en la sociedad; esto supone que seamos dóciles y atentos para escuchar el clamor del pobre y socorrerlo. Basta recorrer las Escrituras para descubrir cómo

el Padre bueno quiere escuchar el clamor de los pobres: "He visto la aflicción de mi pueblo en Egipto, he escuchado su clamor ante sus opresores y conozco sus sufrimientos. He bajado para librarlo . . . Ahora, pues, ve, yo te envío . . . " (Ex 3:7-8, 10), y se muestra solícito con sus necesidades: "Entonces los israelitas clamaron al Señor y Él les suscitó un libertador" (Jc 3:15). Hacer oídos sordos a ese clamor, cuando nosotros somos los instrumentos de Dios para escuchar al pobre, nos sitúa fuera de la voluntad del Padre y de su proyecto, porque ese pobre "clamaría al Señor contra ti y tú te cargarías con un pecado" (Dt 15:9). Y la falta de solidaridad en sus necesidades afecta directamente a nuestra relación con Dios: "Si te maldice lleno de amargura, su Creador escuchará su imprecación" (Si 4:6). Vuelve siempre la vieja pregunta: "Si alguno que posee bienes del mundo ve a su hermano que está necesitado y le cierra sus entrañas, ¿cómo puede permanecer en él el amor de Dios?" (1 Jn 3:17). Recordemos también con cuánta contundencia el Apóstol Santiago retomaba la figura del clamor de los oprimidos: "El salario de los obreros que segaron vuestros campos, y que no habéis pagado, está gritando. Y los gritos de los segadores han llegado a los oídos del Señor de los ejércitos" (5:4).

188. La Iglesia ha reconocido que la exigencia de escuchar este clamor brota de la misma obra liberadora de la gracia en cada uno de nosotros, por lo cual no se trata de una misión reservada sólo a algunos: "La Iglesia, guiada por el Evangelio de la misericordia y por el amor al hombre, *escucha el clamor por la justicia* y quiere responder a él con todas sus fuerzas".[153] En este marco se comprende el pedido de Jesús a sus discípulos: "¡Dadles vosotros de comer!" (Mc 6:37), lo cual implica tanto la cooperación para resolver las causas estructurales de la pobreza y para promover el desarrollo integral de los pobres, como los gestos más simples y cotidianos de solidaridad ante las miserias muy concretas que encontramos. La palabra "solidaridad" está un poco desgastada y a veces se la interpreta mal, pero es mucho más que algunos actos esporádicos de generosidad. Supone

crear una nueva mentalidad que piense en términos de comunidad, de prioridad de la vida de todos sobre la apropiación de los bienes por parte de algunos.

189. La solidaridad es una reacción espontánea de quien reconoce la función social de la propiedad y el destino universal de los bienes como realidades anteriores a la propiedad privada. La posesión privada de los bienes se justifica para cuidarlos y acrecentarlos de manera que sirvan mejor al bien común, por lo cual la solidaridad debe vivirse como la decisión de devolverle al pobre lo que le corresponde. Estas convicciones y hábitos de solidaridad, cuando se hacen carne, abren camino a otras transformaciones estructurales y las vuelven posibles. Un cambio en las estructuras sin generar nuevas convicciones y actitudes dará lugar a que esas mismas estructuras tarde o temprano se vuelvan corruptas, pesadas e ineficaces.

190. A veces se trata de escuchar el clamor de pueblos enteros, de los pueblos más pobres de la tierra, porque "la paz se funda no sólo en el respeto de los derechos del hombre, sino también en el de los derechos de los pueblos".[154] Lamentablemente, aun los derechos humanos pueden ser utilizados como justificación de una defensa exacerbada de los derechos individuales o de los derechos de los pueblos más ricos. Respetando la independencia y la cultura de cada nación, hay que recordar siempre que el planeta es de toda la humanidad y para toda la humanidad, y que el solo hecho de haber nacido en un lugar con menores recursos o menor desarrollo no justifica que algunas personas vivan con menor dignidad. Hay que repetir que "los más favorecidos deben renunciar a algunos de sus derechos para poner con mayor liberalidad sus bienes al servicio de los demás".[155] Para hablar adecuadamente de nuestros derechos necesitamos ampliar más la mirada y abrir los oídos al clamor de otros pueblos o de otras regiones del propio país. Necesitamos crecer en una solidaridad que "debe permitir a todos los pueblos llegar a ser

por sí mismos artífices de su destino",[156] así como "cada hombre está llamado a desarrollarse".[157]

191. En cada lugar y circunstancia, los cristianos, alentados por sus Pastores, están llamados a escuchar el clamor de los pobres, como tan bien expresaron los Obispos de Brasil: "Deseamos asumir, cada día, las alegrías y esperanzas, las angustias y tristezas del pueblo brasileño, especialmente de las poblaciones de las periferias urbanas y de las zonas rurales —sin tierra, sin techo, sin pan, sin salud— lesionadas en sus derechos. Viendo sus miserias, escuchando sus clamores y conociendo su sufrimiento, nos escandaliza el hecho de saber que existe alimento suficiente para todos y que el hambre se debe a la mala distribución de los bienes y de la renta. El problema se agrava con la práctica generalizada del desperdicio".[158]

192. Pero queremos más todavía, nuestro sueño vuela más alto. No hablamos sólo de asegurar a todos la comida, o un "decoroso sustento", sino de que tengan "prosperidad *sin exceptuar bien alguno*".[159] Esto implica educación, acceso al cuidado de la salud y especialmente trabajo, porque en el trabajo libre, creativo, participativo y solidario, el ser humano expresa y acrecienta la dignidad de su vida. El salario justo permite el acceso adecuado a los demás bienes que están destinados al uso común.

Fidelidad al Evangelio para no correr en vano

193. El imperativo de escuchar el clamor de los pobres se hace carne en nosotros cuando se nos estremecen las entrañas ante el dolor ajeno. Releamos algunas enseñanzas de la Palabra de Dios sobre la misericordia, para que resuenen con fuerza en la vida de la Iglesia. El Evangelio proclama: "Felices los misericordiosos, porque obtendrán misericordia" (Mt 5:7). El Apóstol Santiago enseña que la misericordia con los demás nos permite salir triunfantes en el juicio divino: "Hablad y obrad como corresponde a quienes serán juzgados

por una ley de libertad. Porque tendrá un juicio sin misericordia el que no tuvo misericordia; pero la misericordia triunfa en el juicio" (2:12-13). En este texto, Santiago se muestra como heredero de lo más rico de la espiritualidad judía del postexilio, que atribuía a la misericordia un especial valor salvífico: "Rompe tus pecados con obras de justicia, y tus iniquidades con misericordia para con los pobres, para que tu ventura sea larga" (Dn 4:24). En esta misma línea, la literatura sapiencial habla de la limosna como ejercicio concreto de la misericordia con los necesitados: "La limosna libra de la muerte y purifica de todo pecado" (Tb 12:9). Más gráficamente aún lo expresa el Eclesiástico: "Como el agua apaga el fuego llameante, la limosna perdona los pecados" (3:30). La misma síntesis aparece recogida en el Nuevo Testamento: "Tened ardiente caridad unos por otros, porque la caridad cubrirá la multitud de los pecados" (1 Pe 4:8). Esta verdad penetró profundamente la mentalidad de los Padres de la Iglesia y ejerció una resistencia profética contracultural ante el individualismo hedonista pagano. Recordemos sólo un ejemplo: "Así como, en peligro de incendio, correríamos a buscar agua para apagarlo . . . del mismo modo, si de nuestra paja surgiera la llama del pecado, y por eso nos turbamos, una vez que se nos ofrezca la ocasión de una obra llena de misericordia, alegrémonos de ella como si fuera una fuente que se nos ofrezca en la que podamos sofocar el incendio".[160]

194. Es un mensaje tan claro, tan directo, tan simple y elocuente, que ninguna hermenéutica eclesial tiene derecho a relativizarlo. La reflexión de la Iglesia sobre estos textos no debería oscurecer o debilitar su sentido exhortativo, sino más bien ayudar a asumirlos con valentía y fervor. ¿Para qué complicar lo que es tan simple? Los aparatos conceptuales están para favorecer el contacto con la realidad que pretenden explicar, y no para alejarnos de ella. Esto vale sobre todo para las exhortaciones bíblicas que invitan con tanta contundencia al amor fraterno, al servicio humilde y generoso, a la justicia, a la misericordia con el pobre. Jesús nos enseñó este camino

de reconocimiento del otro con sus palabras y con sus gestos. ¿Para qué oscurecer lo que es tan claro? No nos preocupemos sólo por no caer en errores doctrinales, sino también por ser fieles a este camino luminoso de vida y de sabiduría. Porque "a los defensores de "la ortodoxia" se dirige a veces el reproche de pasividad, de indulgencia o de complicidad culpables respecto a situaciones de injusticia intolerables y a los regímenes políticos que las mantienen".[161]

195. Cuando san Pablo se acercó a los Apóstoles de Jerusalén para discernir "si corría o había corrido en vano" (Gal 2:2), el criterio clave de autenticidad que le indicaron fue que no se olvidara de los pobres (cf. Gal 2:10). Este gran criterio, para que las comunidades paulinas no se dejaran devorar por el estilo de vida individualista de los paganos, tiene una gran actualidad en el contexto presente, donde tiende a desarrollarse un nuevo paganismo individualista. La belleza misma del Evangelio no siempre puede ser adecuadamente manifestada por nosotros, pero hay un signo que no debe faltar jamás: la opción por los últimos, por aquellos que la sociedad descarta y desecha.

196. A veces somos duros de corazón y de mente, nos olvidamos, nos entretenemos, nos extasiamos con las inmensas posibilidades de consumo y de distracción que ofrece esta sociedad. Así se produce una especie de alienación que nos afecta a todos, ya que "está alienada una sociedad que, en sus formas de organización social, de producción y de consumo, hace más difícil la realización de esta donación y la formación de esa solidaridad interhumana".[162]

El lugar privilegiado de los pobres en el Pueblo de Dios

197. El corazón de Dios tiene un sitio preferencial para los pobres, tanto que hasta Él mismo "se hizo pobre" (2 Cor 8:9). Todo el camino de nuestra redención está signado por los pobres. Esta

salvación vino a nosotros a través del *"sí"* de una humilde muchacha de un pequeño pueblo perdido en la periferia de un gran imperio. El Salvador nació en un pesebre, entre animales, como lo hacían los hijos de los más pobres; fue presentado en el Templo junto con dos pichones, la ofrenda de quienes no podían permitirse pagar un cordero (cf. Lc 2:24; Lv 5:7); creció en un hogar de sencillos trabajadores y trabajó con sus manos para ganarse el pan. Cuando comenzó a anunciar el Reino, lo seguían multitudes de desposeídos, y así manifestó lo que Él mismo dijo: "El Espíritu del Señor está sobre mí, porque me ha ungido. Me ha enviado para anunciar el Evangelio a los pobres" (Lc 4:18). A los que estaban cargados de dolor, agobiados de pobreza, les aseguró que Dios los tenía en el centro de su corazón: "¡Felices vosotros, los pobres, porque el Reino de Dios os pertenece!" (Lc 6:20); con ellos se identificó: "Tuve hambre y me disteis de comer", y enseñó que la misericordia hacia ellos es la llave del cielo (cf. Mt 25:35s).

198. Para la Iglesia la opción por los pobres es una categoría teológica antes que cultural, sociológica, política o filosófica. Dios les otorga "su primera misericordia".[163] Esta preferencia divina tiene consecuencias en la vida de fe de todos los cristianos, llamados a tener "los mismos sentimientos de Jesucristo" (Flp 2:5). Inspirada en ella, la Iglesia hizo una *opción por los pobres* entendida como una "forma especial de primacía en el ejercicio de la caridad cristiana, de la cual da testimonio toda la tradición de la Iglesia".[164] Esta opción —enseñaba Benedicto XVI— "está implícita en la fe cristológica en aquel Dios que se ha hecho pobre por nosotros, para enriquecernos con su pobreza".[165] Por eso quiero una Iglesia pobre para los pobres. Ellos tienen mucho que enseñarnos. Además de participar del *sensus fidei*, en sus propios dolores conocen al Cristo sufriente. Es necesario que todos nos dejemos evangelizar por ellos. La nueva evangelización es una invitación a reconocer la fuerza salvífica de sus vidas y a ponerlos en el centro del camino de la Iglesia. Estamos llamados a descubrir a Cristo en ellos, a prestarles nuestra voz en sus

causas, pero también a ser sus amigos, a escucharlos, a interpretarlos y a recoger la misteriosa sabiduría que Dios quiere comunicarnos a través de ellos.

199. Nuestro compromiso no consiste exclusivamente en acciones o en programas de promoción y asistencia; lo que el Espíritu moviliza no es un desborde activista, sino ante todo una *atención* puesta en el otro "considerándolo como uno consigo".[166] Esta atención amante es el inicio de una verdadera preocupación por su persona, a partir de la cual deseo buscar efectivamente su bien. Esto implica valorar al pobre en su bondad propia, con su forma de ser, con su cultura, con su modo de vivir la fe. El verdadero amor siempre es contemplativo, nos permite servir al otro no por necesidad o por vanidad, sino porque él es bello, más allá de su apariencia: "Del amor por el cual a uno le es grata la otra persona depende que le dé algo gratis".[167] El pobre, cuando es amado, "es estimado como de alto valor",[168] y esto diferencia la auténtica opción por los pobres de cualquier ideología, de cualquier intento de utilizar a los pobres al servicio de intereses personales o políticos. Sólo desde esta cercanía real y cordial podemos acompañarlos adecuadamente en su camino de liberación. Únicamente esto hará posible que "los pobres, en cada comunidad cristiana, se sientan como en su casa. ¿No sería este estilo la más grande y eficaz presentación de la Buena Nueva del Reino?".[169] Sin la opción preferencial por los más pobres, "el anuncio del Evangelio, aun siendo la primera caridad, corre el riesgo de ser incomprendido o de ahogarse en el mar de palabras al que la actual sociedad de la comunicación nos somete cada día".[170]

200. Puesto que esta Exhortación se dirige a los miembros de la Iglesia católica quiero expresar con dolor que la peor discriminación que sufren los pobres es la falta de atención espiritual. La inmensa mayoría de los pobres tiene una especial apertura a la fe; necesitan a Dios y no podemos dejar de ofrecerles su amistad, su bendición, su Palabra, la celebración de los Sacramentos y la propuesta de un

camino de crecimiento y de maduración en la fe. La opción preferencial por los pobres debe traducirse principalmente en una atención religiosa privilegiada y prioritaria.

201. Nadie debería decir que se mantiene lejos de los pobres porque sus opciones de vida implican prestar más atención a otros asuntos. Ésta es una excusa frecuente en ambientes académicos, empresariales o profesionales, e incluso eclesiales. Si bien puede decirse en general que la vocación y la misión propia de los fieles laicos es la transformación de las distintas realidades terrenas para que toda actividad humana sea transformada por el Evangelio,[171] nadie puede sentirse exceptuado de la preocupación por los pobres y por la justicia social: "La conversión espiritual, la intensidad del amor a Dios y al prójimo, el celo por la justicia y la paz, el sentido evangélico de los pobres y de la pobreza, son requeridos a todos".[172] Temo que también estas palabras sólo sean objeto de algunos comentarios sin una verdadera incidencia práctica. No obstante, confío en la apertura y las buenas disposiciones de los cristianos, y os pido que busquéis comunitariamente nuevos caminos para acoger esta renovada propuesta.

Economía y distribución del ingreso

202. La necesidad de resolver las causas estructurales de la pobreza no puede esperar, no sólo por una exigencia pragmática de obtener resultados y de ordenar la sociedad, sino para sanarla de una enfermedad que la vuelve frágil e indigna y que sólo podrá llevarla a nuevas crisis. Los planes asistenciales, que atienden ciertas urgencias, sólo deberían pensarse como respuestas pasajeras. Mientras no se resuelvan radicalmente los problemas de los pobres, renunciando a la autonomía absoluta de los mercados y de la especulación financiera y atacando las causas estructurales de la inequidad,[173] no se resolverán los problemas del mundo y en definitiva ningún problema. La inequidad es raíz de los males sociales.

203. La dignidad de cada persona humana y el bien común son cuestiones que deberían estructurar toda política económica, pero a veces parecen sólo apéndices agregados desde fuera para completar un discurso político sin perspectivas ni programas de verdadero desarrollo integral. ¡Cuántas palabras se han vuelto molestas para este sistema! Molesta que se hable de ética, molesta que se hable de solidaridad mundial, molesta que se hable de distribución de los bienes, molesta que se hable de preservar las fuentes de trabajo, molesta que se hable de la dignidad de los débiles, molesta que se hable de un Dios que exige un compromiso por la justicia. Otras veces sucede que estas palabras se vuelven objeto de un manoseo oportunista que las deshonra. La cómoda indiferencia ante estas cuestiones vacía nuestra vida y nuestras palabras de todo significado. La vocación de un empresario es una noble tarea, siempre que se deje interpelar por un sentido más amplio de la vida; esto le permite servir verdaderamente al bien común, con su esfuerzo por multiplicar y volver más accesibles para todos los bienes de este mundo.

204. Ya no podemos confiar en las fuerzas ciegas y en la mano invisible del mercado. El crecimiento en equidad exige algo más que el crecimiento económico, aunque lo supone, requiere decisiones, programas, mecanismos y procesos específicamente orientados a una mejor distribución del ingreso, a una creación de fuentes de trabajo, a una promoción integral de los pobres que supere el mero asistencialismo. Estoy lejos de proponer un populismo irresponsable, pero la economía ya no puede recurrir a remedios que son un nuevo veneno, como cuando se pretende aumentar la rentabilidad reduciendo el mercado laboral y creando así nuevos excluidos.

205. ¡Pido a Dios que crezca el número de políticos capaces de entrar en un auténtico diálogo que se oriente eficazmente a sanar las raíces profundas y no la apariencia de los males de nuestro mundo! La política, tan denigrada, es una altísima vocación, es una de las formas más preciosas de la caridad, porque busca el bien común.[174]

Tenemos que convencernos de que la caridad "no es sólo el principio de las micro-relaciones, como en las amistades, la familia, el pequeño grupo, sino también de las macro-relaciones, como las relaciones sociales, económicas y políticas".[175] ¡Ruego al Señor que nos regale más políticos a quienes les duela de verdad la sociedad, el pueblo, la vida de los pobres! Es imperioso que los gobernantes y los poderes financieros levanten la mirada y amplíen sus perspectivas, que procuren que haya trabajo digno, educación y cuidado de la salud para todos los ciudadanos. ¿Y por qué no acudir a Dios para que inspire sus planes? Estoy convencido de que a partir de una apertura a la trascendencia podría formarse una nueva mentalidad política y económica que ayudaría a superar la dicotomía absoluta entre la economía y el bien común social.

206. La economía, como la misma palabra indica, debería ser el arte de alcanzar una adecuada administración de la casa común, que es el mundo entero. Todo acto económico de envergadura realizado en una parte del planeta repercute en el todo; por ello ningún gobierno puede actuar al margen de una responsabilidad común. De hecho, cada vez se vuelve más difícil encontrar soluciones locales para las enormes contradicciones globales, por lo cual la política local se satura de problemas a resolver. Si realmente queremos alcanzar una sana economía mundial, hace falta en estos momentos de la historia un modo más eficiente de interacción que, dejando a salvo la soberanía de las naciones, asegure el bienestar económico de todos los países y no sólo de unos pocos.

207. Cualquier comunidad de la Iglesia, en la medida en que pretenda subsistir tranquila sin ocuparse creativamente y cooperar con eficiencia para que los pobres vivan con dignidad y para incluir a todos, también correrá el riesgo de la disolución, aunque hable de temas sociales o critique a los gobiernos. Fácilmente terminará sumida en la mundanidad espiritual, disimulada con prácticas religiosas, con reuniones infecundas o con discursos vacíos.

208. Si alguien se siente ofendido por mis palabras, le digo que las expreso con afecto y con la mejor de las intenciones, lejos de cualquier interés personal o ideología política. Mi palabra no es la de un enemigo ni la de un opositor. Sólo me interesa procurar que aquellos que están esclavizados por una mentalidad individualista, indiferente y egoísta, puedan liberarse de esas cadenas indignas y alcancen un estilo de vida y de pensamiento más humano, más noble, más fecundo, que dignifique su paso por esta tierra.

Cuidar la fragilidad

209. Jesús, el evangelizador por excelencia y el Evangelio en persona, se identifica especialmente con los más pequeños (cf. Mt 25:40). Esto nos recuerda que todos los cristianos estamos llamados a cuidar a los más frágiles de la tierra. Pero en el vigente modelo "exitista" y "privatista" no parece tener sentido invertir para que los lentos, débiles o menos dotados puedan abrirse camino en la vida.

210. Es indispensable prestar atención para estar cerca de nuevas formas de pobreza y fragilidad donde estamos llamados a reconocer a Cristo sufriente, aunque eso aparentemente no nos aporte beneficios tangibles e inmediatos: los sin techo, los toxicodependientes, los refugiados, los pueblos indígenas, los ancianos cada vez más solos y abandonados, etc. Los migrantes me plantean un desafío particular por ser Pastor de una Iglesia sin fronteras que se siente madre de todos. Por ello, exhorto a los países a una generosa apertura, que en lugar de temer la destrucción de la identidad local sea capaz de crear nuevas síntesis culturales. ¡Qué hermosas son las ciudades que superan la desconfianza enfermiza e integran a los diferentes, y que hacen de esa integración un nuevo factor de desarrollo! ¡Qué lindas son las ciudades que, aun en su diseño arquitectónico, están llenas de espacios que conectan, relacionan, favorecen el reconocimiento del otro!

211. Siempre me angustió la situación de los que son objeto de las diversas formas de trata de personas. Quisiera que se escuchara el grito de Dios preguntándonos a todos: "¿Dónde está tu hermano?" (Gn 4:9). ¿Dónde está tu hermano esclavo? ¿Dónde está ese que estás matando cada día en el taller clandestino, en la red de prostitución, en los niños que utilizas para mendicidad, en aquel que tiene que trabajar a escondidas porque no ha sido formalizado? No nos hagamos los distraídos. Hay mucho de complicidad. ¡La pregunta es para todos! En nuestras ciudades está instalado este crimen mafioso y aberrante, y muchos tienen las manos preñadas de sangre debido a la complicidad cómoda y muda.

212. Doblemente pobres son las mujeres que sufren situaciones de exclusión, maltrato y violencia, porque frecuentemente se encuentran con menores posibilidades de defender sus derechos. Sin embargo, también entre ellas encontramos constantemente los más admirables gestos de heroísmo cotidiano en la defensa y el cuidado de la fragilidad de sus familias.

213. Entre esos débiles, que la Iglesia quiere cuidar con predilección, están también los niños por nacer, que son los más indefensos e inocentes de todos, a quienes hoy se les quiere negar su dignidad humana en orden a hacer con ellos lo que se quiera, quitándoles la vida y promoviendo legislaciones para que nadie pueda impedirlo. Frecuentemente, para ridiculizar alegremente la defensa que la Iglesia hace de sus vidas, se procura presentar su postura como algo ideológico, oscurantista y conservador. Sin embargo, esta defensa de la vida por nacer está íntimamente ligada a la defensa de cualquier derecho humano. Supone la convicción de que un ser humano es siempre sagrado e inviolable, en cualquier situación y en cada etapa de su desarrollo. Es un fin en sí mismo y nunca un medio para resolver otras dificultades. Si esta convicción cae, no quedan fundamentos sólidos y permanentes para defender los derechos humanos, que siempre estarían sometidos a conveniencias circunstanciales

de los poderosos de turno. La sola razón es suficiente para reconocer el valor inviolable de cualquier vida humana, pero si además la miramos desde la fe, "toda violación de la dignidad personal del ser humano grita venganza delante de Dios y se configura como ofensa al Creador del hombre".[176]

214. Precisamente porque es una cuestión que hace a la coherencia interna de nuestro mensaje sobre el valor de la persona humana, no debe esperarse que la Iglesia cambie su postura sobre esta cuestión. Quiero ser completamente honesto al respecto. Éste no es un asunto sujeto a supuestas reformas o "modernizaciones". No es progresista pretender resolver los problemas eliminando una vida humana. Pero también es verdad que hemos hecho poco para acompañar adecuadamente a las mujeres que se encuentran en situaciones muy duras, donde el aborto se les presenta como una rápida solución a sus profundas angustias, particularmente cuando la vida que crece en ellas ha surgido como producto de una violación o en un contexto de extrema pobreza. ¿Quién puede dejar de comprender esas situaciones de tanto dolor?

215. Hay otros seres frágiles e indefensos, que muchas veces quedan a merced de los intereses económicos o de un uso indiscriminado. Me refiero al conjunto de la creación. Los seres humanos no somos meros beneficiarios, sino custodios de las demás criaturas. Por nuestra realidad corpórea, Dios nos ha unido tan estrechamente al mundo que nos rodea, que la desertificación del suelo es como una enfermedad para cada uno, y podemos lamentar la extinción de una especie como si fuera una mutilación. No dejemos que a nuestro paso queden signos de destrucción y de muerte que afecten nuestra vida y la de las futuras generaciones.[177] En este sentido, hago propio el bello y profético lamento que hace varios años expresaron los Obispos de Filipinas: "Una increíble variedad de insectos vivían en el bosque y estaban ocupados con todo tipo de tareas . . . Los pájaros volaban por el aire, sus plumas brillantes y sus diferentes cantos

añadían color y melodía al verde de los bosques . . . Dios quiso esta tierra para nosotros, sus criaturas especiales, pero no para que pudiéramos destruirla y convertirla en un páramo . . . Después de una sola noche de lluvia, mira hacia los ríos de marrón chocolate de tu localidad, y recuerda que se llevan la sangre viva de la tierra hacia el mar . . . ¿Cómo van a poder nadar los peces en alcantarillas como el río Pasig y tantos otros ríos que hemos contaminado? ¿Quién ha convertido el maravilloso mundo marino en cementerios subacuáticos despojados de vida y de color?".[178]

216. Pequeños pero fuertes en el amor de Dios, como san Francisco de Asís, todos los cristianos estamos llamados a cuidar la fragilidad del pueblo y del mundo en que vivimos.

III. EL BIEN COMÚN Y LA PAZ SOCIAL

217. Hemos hablado mucho sobre la alegría y sobre el amor, pero la Palabra de Dios menciona también el fruto de la paz (cf. Gal 5:22).

218. La paz social no puede entenderse como un irenismo o como una mera ausencia de violencia lograda por la imposición de un sector sobre los otros. También sería una falsa paz aquella que sirva como excusa para justificar una organización social que silencie o tranquilice a los más pobres, de manera que aquellos que gozan de los mayores beneficios puedan sostener su estilo de vida sin sobresaltos mientras los demás sobreviven como pueden. Las reivindicaciones sociales, que tienen que ver con la distribución del ingreso, la inclusión social de los pobres y los derechos humanos, no pueden ser sofocadas con el pretexto de construir un consenso de escritorio o una efímera paz para una minoría feliz. La dignidad de la persona humana y el bien común están por encima de la tranquilidad de algunos que no quieren renunciar a sus privilegios. Cuando estos valores se ven afectados, es necesaria una voz profética.

219. La paz tampoco "se reduce a una ausencia de guerra, fruto del equilibrio siempre precario de las fuerzas. La paz se construye día a día, en la instauración de un orden querido por Dios, que comporta una justicia más perfecta entre los hombres".[179] En definitiva, una paz que no surja como fruto del desarrollo integral de todos, tampoco tendrá futuro y siempre será semilla de nuevos conflictos y de variadas formas de violencia.

220. En cada nación, los habitantes desarrollan la dimensión social de sus vidas configurándose como ciudadanos responsables en el seno de un pueblo, no como masa arrastrada por las fuerzas dominantes. Recordemos que "el ser ciudadano fiel es una virtud y la participación en la vida política es una obligación moral".[180] Pero convertirse en *pueblo* es todavía más, y requiere un proceso constante en el cual cada nueva generación se ve involucrada. Es un trabajo lento y arduo que exige querer integrarse y aprender a hacerlo hasta desarrollar una cultura del encuentro en una pluriforme armonía.

221. Para avanzar en esta construcción de un pueblo en paz, justicia y fraternidad, hay cuatro principios relacionados con tensiones bipolares propias de toda realidad social. Brotan de los grandes postulados de la Doctrina Social de la Iglesia, los cuales constituyen "el primer y fundamental parámetro de referencia para la interpretación y la valoración de los fenómenos sociales".[181] A la luz de ellos, quiero proponer ahora estos cuatro principios que orientan específicamente el desarrollo de la convivencia social y la construcción de un pueblo donde las diferencias se armonicen en un proyecto común. Lo hago con la convicción de que su aplicación puede ser un genuino camino hacia la paz dentro de cada nación y en el mundo entero.

222. Hay una tensión bipolar entre la plenitud y el límite. La plenitud provoca la voluntad de poseerlo todo, y el límite es la pared que se nos pone delante. El "tiempo", ampliamente considerado, hace referencia a la plenitud como expresión del horizonte que se nos abre, y el momento es expresión del límite que se vive en un espacio acotado. Los ciudadanos viven en tensión entre la coyuntura del momento y la luz del tiempo, del horizonte mayor, de la utopía que nos abre al futuro como causa final que atrae. De aquí surge un primer principio para avanzar en la construcción de un pueblo: el tiempo es superior al espacio.

223. Este principio permite trabajar a largo plazo, sin obsesionarse por resultados inmediatos. Ayuda a soportar con paciencia situaciones difíciles y adversas, o los cambios de planes que impone el dinamismo de la realidad. Es una invitación a asumir la tensión entre plenitud y límite, otorgando prioridad al tiempo. Uno de los pecados que a veces se advierten en la actividad sociopolítica consiste en privilegiar los espacios de poder en lugar de los tiempos de los procesos. Darle prioridad al espacio lleva a enloquecerse para tener todo resuelto en el presente, para intentar tomar posesión de todos los espacios de poder y autoafirmación. Es cristalizar los procesos y pretender detenerlos. Darle prioridad al tiempo es ocuparse de *iniciar procesos más que de poseer espacios*. El tiempo rige los espacios, los ilumina y los transforma en eslabones de una cadena en constante crecimiento, sin caminos de retorno. Se trata de privilegiar las acciones que generan dinamismos nuevos en la sociedad e involucran a otras personas y grupos que las desarrollarán, hasta que fructifiquen en importantes acontecimientos históricos. Nada de ansiedad, pero sí convicciones claras y tenacidad.

224. A veces me pregunto quiénes son los que en el mundo actual se preocupan realmente por generar procesos que construyan pueblo,

más que por obtener resultados inmediatos que producen un rédito político fácil, rápido y efímero, pero que no construyen la plenitud humana. La historia los juzgará quizás con aquel criterio que enunciaba Romano Guardini: "El único patrón para valorar con acierto una época es preguntar hasta qué punto se desarrolla en ella y alcanza una auténtica razón de ser *la plenitud de la existencia humana*, de acuerdo con el carácter peculiar y las *posibilidades* de dicha época".[182]

225. Este criterio también es muy propio de la evangelización, que requiere tener presente el horizonte, asumir los procesos posibles y el camino largo. El Señor mismo en su vida mortal dio a entender muchas veces a sus discípulos que había cosas que no podían comprender todavía y que era necesario esperar al Espíritu Santo (cf. Jn 16:12-13). La parábola del trigo y la cizaña (cf. Mt 13:24-30) grafica un aspecto importante de la evangelización que consiste en mostrar cómo el enemigo puede ocupar el espacio del Reino y causar daño con la cizaña, pero es vencido por la bondad del trigo que se manifiesta con el tiempo.

La unidad prevalece sobre el conflicto

226. El conflicto no puede ser ignorado o disimulado. Ha de ser asumido. Pero si quedamos atrapados en él, perdemos perspectivas, los horizontes se limitan y la realidad misma queda fragmentada. Cuando nos detenemos en la coyuntura conflictiva, perdemos el sentido de la unidad profunda de la realidad.

227. Ante el conflicto, algunos simplemente lo miran y siguen adelante como si nada pasara, se lavan las manos para poder continuar con su vida. Otros entran de tal manera en el conflicto que quedan prisioneros, pierden horizontes, proyectan en las instituciones las propias confusiones e insatisfacciones y así la unidad se vuelve imposible. Pero hay una tercera manera, la más adecuada, de

situarse ante el conflicto. Es aceptar sufrir el conflicto, resolverlo y transformarlo en el eslabón de un nuevo proceso. "¡Felices los que trabajan por la paz!" (Mt 5:9).

228. De este modo, se hace posible desarrollar una comunión en las diferencias, que sólo pueden facilitar esas grandes personas que se animan a ir más allá de la superficie conflictiva y miran a los demás en su dignidad más profunda. Por eso hace falta postular un principio que es indispensable para construir la amistad social: la unidad es superior al conflicto. La solidaridad, entendida en su sentido más hondo y desafiante, se convierte así en un modo de hacer la historia, en un ámbito viviente donde los conflictos, las tensiones y los opuestos pueden alcanzar una unidad pluriforme que engendra nueva vida. No es apostar por un sincretismo ni por la absorción de uno en el otro, sino por la resolución en un plano superior que conserva en sí las virtualidades valiosas de las polaridades en pugna.

229. Este criterio evangélico nos recuerda que Cristo ha unificado todo en sí: cielo y tierra, Dios y hombre, tiempo y eternidad, carne y espíritu, persona y sociedad. La señal de esta unidad y reconciliación de todo en sí es la paz. Cristo "es nuestra paz" (Ef 2:14). El anuncio evangélico comienza siempre con el saludo de paz, y la paz corona y cohesiona en cada momento las relaciones entre los discípulos. La paz es posible porque el Señor ha vencido al mundo y a su conflictividad permanente "haciendo la paz mediante la sangre de su cruz" (Col 1:20). Pero si vamos al fondo de estos textos bíblicos, tenemos que llegar a descubrir que el primer ámbito donde estamos llamados a lograr esta pacificación en las diferencias es la propia interioridad, la propia vida siempre amenazada por la dispersión dialéctica.[183] Con corazones rotos en miles de fragmentos será difícil construir una auténtica paz social.

230. El anuncio de paz no es el de una paz negociada, sino la convicción de que la unidad del Espíritu armoniza todas las diversidades.

Supera cualquier conflicto en una nueva y prometedora síntesis. La diversidad es bella cuando acepta entrar constantemente en un proceso de reconciliación, hasta sellar una especie de pacto cultural que haga emerger una "diversidad reconciliada", como bien enseñaron los Obispos del Congo: "La diversidad de nuestras etnias es una riqueza . . . Sólo con la unidad, con la conversión de los corazones y con la reconciliación podremos hacer avanzar nuestro país".[184]

La realidad es más importante que la idea

231. Existe también una tensión bipolar entre la idea y la realidad. La realidad simplemente es, la idea se elabora. Entre las dos se debe instaurar un diálogo constante, evitando que la idea termine separándose de la realidad. Es peligroso vivir en el reino de la sola palabra, de la imagen, del sofisma. De ahí que haya que postular un tercer principio: la realidad es superior a la idea. Esto supone evitar diversas formas de ocultar la realidad: los purismos angélicos, los totalitarismos de lo relativo, los nominalismos declaracionistas, los proyectos más formales que reales, los fundamentalismos ahistóricos, los eticismos sin bondad, los intelectualismos sin sabiduría.

232. La idea —las elaboraciones conceptuales— está en función de la captación, la comprensión y la conducción de la realidad. La idea desconectada de la realidad origina idealismos y nominalismos ineficaces, que a lo sumo clasifican o definen, pero no convocan. Lo que convoca es la realidad iluminada por el razonamiento. Hay que pasar del nominalismo formal a la objetividad armoniosa. De otro modo, se manipula la verdad, así como se suplanta la gimnasia por la cosmética.[185] Hay políticos —e incluso dirigentes religiosos— que se preguntan por qué el pueblo no los comprende y no los sigue, si sus propuestas son tan lógicas y claras. Posiblemente sea porque se instalaron en el reino de la pura idea y redujeron la política o la fe a la retórica. Otros olvidaron la sencillez e importaron desde fuera una racionalidad ajena a la gente.

233. La realidad es superior a la idea. Este criterio hace a la encarnación de la Palabra y a su puesta en práctica: "En esto conoceréis el Espíritu de Dios: todo espíritu que confiesa que Jesucristo ha venido en carne es de Dios" (1 Jn 4:2). El criterio de realidad, de una Palabra ya encarnada y siempre buscando encarnarse, es esencial a la evangelización. Nos lleva, por un lado, a valorar la historia de la Iglesia como historia de salvación, a recordar a nuestros santos que inculturaron el Evangelio en la vida de nuestros pueblos, a recoger la rica tradición bimilenaria de la Iglesia, sin pretender elaborar un pensamiento desconectado de ese tesoro, como si quisiéramos inventar el Evangelio. Por otro lado, este criterio nos impulsa a poner en práctica la Palabra, a realizar obras de justicia y caridad en las que esa Palabra sea fecunda. No poner en práctica, no llevar a la realidad la Palabra, es edificar sobre arena, permanecer en la pura idea y degenerar en intimismos y gnosticismos que no dan fruto, que esterilizan su dinamismo.

EL TODO ES SUPERIOR A LA PARTE

234. Entre la globalización y la localización también se produce una tensión. Hace falta prestar atención a lo global para no caer en una mezquindad cotidiana. Al mismo tiempo, no conviene perder de vista lo local, que nos hace caminar con los pies sobre la tierra. Las dos cosas unidas impiden caer en alguno de estos dos extremos: uno, que los ciudadanos vivan en un universalismo abstracto y globalizante, miméticos pasajeros del furgón de cola, admirando los fuegos artificiales del mundo, que es de otros, con la boca abierta y aplausos programados; otro, que se conviertan en un museo folklórico de ermitaños localistas, condenados a repetir siempre lo mismo, incapaces de dejarse interpelar por el diferente y de valorar la belleza que Dios derrama fuera de sus límites.

235. El todo es más que la parte, y también es más que la mera suma de ellas. Entonces, no hay que obsesionarse demasiado por

cuestiones limitadas y particulares. Siempre hay que ampliar la mirada para reconocer un bien mayor que nos beneficiará a todos. Pero hay que hacerlo sin evadirse, sin desarraigos. Es necesario hundir las raíces en la tierra fértil y en la historia del propio lugar, que es un don de Dios. Se trabaja en lo pequeño, en lo cercano, pero con una perspectiva más amplia. Del mismo modo, una persona que conserva su peculiaridad personal y no esconde su identidad, cuando integra cordialmente una comunidad, no se anula sino que recibe siempre nuevos estímulos para su propio desarrollo. No es ni la esfera global que anula ni la parcialidad aislada que esteriliza.

236. El modelo no es la esfera, que no es superior a las partes, donde cada punto es equidistante del centro y no hay diferencias entre unos y otros. El modelo es el poliedro, que refleja la confluencia de todas las parcialidades que en él conservan su originalidad. Tanto la acción pastoral como la acción política procuran recoger en ese poliedro lo mejor de cada uno. Allí entran los pobres con su cultura, sus proyectos y sus propias potencialidades. Aun las personas que puedan ser cuestionadas por sus errores, tienen algo que aportar que no debe perderse. Es la conjunción de los pueblos que, en el orden universal, conservan su propia peculiaridad; es la totalidad de las personas en una sociedad que busca un bien común que verdaderamente incorpora a todos.

237. A los cristianos, este principio nos habla también de la totalidad o integridad del Evangelio que la Iglesia nos transmite y nos envía a predicar. Su riqueza plena incorpora a los académicos y a los obreros, a los empresarios y a los artistas, a todos. La mística popular acoge a su modo el Evangelio entero, y lo encarna en expresiones de oración, de fraternidad, de justicia, de lucha y de fiesta. La Buena Noticia es la alegría de un Padre que no quiere que se pierda ninguno de sus pequeñitos. Así brota la alegría en el Buen Pastor que encuentra la oveja perdida y la reintegra a su rebaño. El Evangelio es levadura que fermenta toda la masa y ciudad que brilla en lo alto

del monte iluminando a todos los pueblos. El Evangelio tiene un criterio de totalidad que le es inherente: no termina de ser Buena Noticia hasta que no es anunciado a todos, hasta que no fecunda y sana todas las dimensiones del hombre, y hasta que no integra a todos los hombres en la mesa del Reino. El todo es superior a la parte.

IV. EL DIÁLOGO SOCIAL COMO CONTRIBUCIÓN A LA PAZ

238. La evangelización también implica un camino de diálogo. Para la Iglesia, en este tiempo hay particularmente tres campos de diálogo en los cuales debe estar presente, para cumplir un servicio a favor del pleno desarrollo del ser humano y procurar el bien común: el diálogo con los Estados, con la sociedad —que incluye el diálogo con las culturas y con las ciencias— y con otros creyentes que no forman parte de la Iglesia católica. En todos los casos "la Iglesia habla desde la luz que le ofrece la fe",[186] aporta su experiencia de dos mil años y conserva siempre en la memoria las vidas y sufrimientos de los seres humanos. Esto va más allá de la razón humana, pero también tiene un significado que puede enriquecer a los que no creen e invita a la razón a ampliar sus perspectivas.

239. La Iglesia proclama "el evangelio de la paz" (Ef 6:15) y está abierta a la colaboración con todas las autoridades nacionales e internacionales para cuidar este bien universal tan grande. Al anunciar a Jesucristo, que es la paz en persona (cf. Ef 2:14), la nueva evangelización anima a todo bautizado a ser instrumento de pacificación y testimonio creíble de una vida reconciliada.[187] Es hora de saber cómo diseñar, en una cultura que privilegie el diálogo como forma de encuentro, la búsqueda de consensos y acuerdos, pero sin separarla de la preocupación por una sociedad justa, memoriosa y sin exclusiones. El autor principal, el sujeto histórico de este proceso, es la gente y su cultura, no es una clase, una fracción, un grupo, una

élite. No necesitamos un proyecto de unos pocos para unos pocos, o una minoría ilustrada o testimonial que se aproprie de un sentimiento colectivo. Se trata de un acuerdo para vivir juntos, de un pacto social y cultural.

240. Al Estado compete el cuidado y la promoción del bien común de la sociedad.[188] Sobre la base de los principios de subsidiariedad y solidaridad, y con un gran esfuerzo de diálogo político y creación de consensos, desempeña un papel fundamental, que no puede ser delegado, en la búsqueda del desarrollo integral de todos. Este papel, en las circunstancias actuales, exige una profunda humildad social.

241. En el diálogo con el Estado y con la sociedad, la Iglesia no tiene soluciones para todas las cuestiones particulares. Pero junto con las diversas fuerzas sociales, acompaña las propuestas que mejor respondan a la dignidad de la persona humana y al bien común. Al hacerlo, siempre propone con claridad los valores fundamentales de la existencia humana, para transmitir convicciones que luego puedan traducirse en acciones políticas.

El diálogo entre la fe, la razón y las ciencias

242. El diálogo entre ciencia y fe también es parte de la acción evangelizadora que pacifica.[189] El cientismo y el positivismo se rehúsan a "admitir como válidas las formas de conocimiento diversas de las propias de las ciencias positivas".[190] La Iglesia propone otro camino, que exige una síntesis entre un uso responsable de las metodologías propias de las ciencias empíricas y otros saberes como la filosofía, la teología, y la misma fe, que eleva al ser humano hasta el misterio que trasciende la naturaleza y la inteligencia humana. La fe no le tiene miedo a la razón; al contrario, la busca y confía en ella, porque "la luz de la razón y la de la fe provienen ambas de Dios",[191] y no pueden contradecirse entre sí. La evangelización está atenta a los avances científicos para iluminarlos con la luz de la fe y de la ley natural,

en orden a procurar que respeten siempre la centralidad y el valor supremo de la persona humana en todas las fases de su existencia. Toda la sociedad puede verse enriquecida gracias a este diálogo que abre nuevos horizontes al pensamiento y amplía las posibilidades de la razón. También éste es un camino de armonía y de pacificación.

243. La Iglesia no pretende detener el admirable progreso de las ciencias. Al contrario, se alegra e incluso disfruta reconociendo el enorme potencial que Dios ha dado a la mente humana. Cuando el desarrollo de las ciencias, manteniéndose con rigor académico en el campo de su objeto específico, vuelve evidente una determinada conclusión que la razón no puede negar, la fe no la contradice. Los creyentes tampoco pueden pretender que una opinión científica que les agrada, y que ni siquiera ha sido suficientemente comprobada, adquiera el peso de un dogma de fe. Pero, en ocasiones, algunos científicos van más allá del objeto formal de su disciplina y se extralimitan con afirmaciones o conclusiones que exceden el campo de la propia ciencia. En ese caso, no es la razón lo que se propone, sino una determinada ideología que cierra el camino a un diálogo auténtico, pacífico y fructífero.

El diálogo ecuménico

244. El empeño ecuménico responde a la oración del Señor Jesús que pide "que todos sean uno" (Jn 17:21). La credibilidad del anuncio cristiano sería mucho mayor si los cristianos superaran sus divisiones y la Iglesia realizara "la plenitud de catolicidad que le es propia, en aquellos hijos que, incorporados a ella ciertamente por el Bautismo, están, sin embargo, separados de su plena comunión".[192] Tenemos que recordar siempre que somos peregrinos, y peregrinamos juntos. Para eso, hay que confiar el corazón al compañero de camino sin recelos, sin desconfianzas, y mirar ante todo lo que buscamos: la paz en el rostro del único Dios. Confiarse al otro es algo artesanal, la paz es artesanal. Jesús nos dijo: "¡Felices los que trabajan

por la paz!" (Mt 5:9). En este empeño, también entre nosotros, se cumple la antigua profecía: "De sus espadas forjarán arados" (Is 2:4).

245. Bajo esta luz, el ecumenismo es un aporte a la unidad de la familia humana. La presencia, en el Sínodo, del Patriarca de Constantinopla, Su Santidad Bartolomé I, y del Arzobispo de Canterbury, Su Gracia Rowan Douglas Williams, fue un verdadero don de Dios y un precioso testimonio cristiano.[193]

246. Dada la gravedad del antitestimonio de la división entre cristianos, particularmente en Asia y en África, la búsqueda de caminos de unidad se vuelve urgente. Los misioneros en esos continentes mencionan reiteradamente las críticas, quejas y burlas que reciben debido al escándalo de los cristianos divididos. Si nos concentramos en las convicciones que nos unen y recordamos el principio de la jerarquía de verdades, podremos caminar decididamente hacia expresiones comunes de anuncio, de servicio y de testimonio. La inmensa multitud que no ha acogido el anuncio de Jesucristo no puede dejarnos indiferentes. Por lo tanto, el empeño por una unidad que facilite la acogida de Jesucristo deja de ser mera diplomacia o cumplimiento forzado, para convertirse en un camino ineludible de la evangelización. Los signos de división entre los cristianos en países que ya están destrozados por la violencia agregan más motivos de conflicto por parte de quienes deberíamos ser un atractivo fermento de paz. ¡Son tantas y tan valiosas las cosas que nos unen! Y si realmente creemos en la libre y generosa acción del Espíritu, ¡cuántas cosas podemos aprender unos de otros! No se trata sólo de recibir información sobre los demás para conocerlos mejor, sino de recoger lo que el Espíritu ha sembrado en ellos como un don también para nosotros. Sólo para dar un ejemplo, en el diálogo con los hermanos ortodoxos, los católicos tenemos la posibilidad de aprender algo más sobre el sentido de la colegialidad episcopal y sobre su experiencia de la sinodalidad. A través de un intercambio de dones, el Espíritu puede llevarnos cada vez más a la verdad y al bien.

247. Una mirada muy especial se dirige al pueblo judío, cuya Alianza con Dios jamás ha sido revocada, porque "los dones y el llamado de Dios son irrevocables" (Rom 11:29). La Iglesia, que comparte con el Judaísmo una parte importante de las Sagradas Escrituras, considera al pueblo de la Alianza y su fe como una raíz sagrada de la propia identidad cristiana (cf. Rom 11:16-18). Los cristianos no podemos considerar al Judaísmo como una religión ajena, ni incluimos a los judíos entre aquellos llamados a dejar los ídolos para convertirse al verdadero Dios (cf. 1 Tes 1:9). Creemos junto con ellos en el único Dios que actúa en la historia, y acogemos con ellos la común Palabra revelada.

248. El diálogo y la amistad con los hijos de Israel son parte de la vida de los discípulos de Jesús. El afecto que se ha desarrollado nos lleva a lamentar sincera y amargamente las terribles persecuciones de las que fueron y son objeto, particularmente aquellas que involucran o involucraron a cristianos.

249. Dios sigue obrando en el pueblo de la Antigua Alianza y provoca tesoros de sabiduría que brotan de su encuentro con la Palabra divina. Por eso, la Iglesia también se enriquece cuando recoge los valores del Judaísmo. Si bien algunas convicciones cristianas son inaceptables para el Judaísmo, y la Iglesia no puede dejar de anunciar a Jesús como Señor y Mesías, existe una rica complementación que nos permite leer juntos los textos de la Biblia hebrea y ayudarnos mutuamente a desentrañar las riquezas de la Palabra, así como compartir muchas convicciones éticas y la común preocupación por la justicia y el desarrollo de los pueblos.

El diálogo interreligioso

250. Una actitud de apertura en la verdad y en el amor debe caracterizar el diálogo con los creyentes de las religiones no cristianas, a pesar de los varios obstáculos y dificultades, particularmente los fundamentalismos de ambas partes. Este diálogo interreligioso es una condición necesaria para la paz en el mundo, y por lo tanto es un deber para los cristianos, así como para otras comunidades religiosas. Este diálogo es, en primer lugar, una conversación sobre la vida humana o simplemente, como proponen los Obispos de la India, "estar abiertos a ellos, compartiendo sus alegrías y penas".[194] Así aprendemos a aceptar a los otros en su modo diferente de ser, de pensar y de expresarse. De esta forma, podremos asumir juntos el deber de servir a la justicia y la paz, que deberá convertirse en un criterio básico de todo intercambio. Un diálogo en el que se busquen la paz social y la justicia es en sí mismo, más allá de lo meramente pragmático, un compromiso ético que crea nuevas condiciones sociales. Los esfuerzos en torno a un tema específico pueden convertirse en un proceso en el que, a través de la escucha del otro, ambas partes encuentren purificación y enriquecimiento. Por lo tanto, estos esfuerzos también pueden tener el significado del amor a la verdad.

251. En este dialogo, siempre amable y cordial, nunca se debe descuidar el vínculo esencial entre diálogo y anuncio, que lleva a la Iglesia a mantener y a intensificar las relaciones con los no cristianos.[195] Un sincretismo conciliador sería en el fondo un totalitarismo de quienes pretenden conciliar prescindiendo de valores que los trascienden y de los cuales no son dueños. La verdadera apertura implica mantenerse firme en las propias convicciones más hondas, con una identidad clara y gozosa, pero "abierto a comprender las del otro" y "sabiendo que el diálogo realmente puede enriquecer a cada uno".[196] No nos sirve una apertura diplomática, que dice que sí a todo para evitar problemas, porque sería un modo de engañar al otro y de negarle el bien que uno ha recibido como un don para compartir

generosamente. La evangelización y el diálogo interreligioso, lejos de oponerse, se sostienen y se alimentan recíprocamente.[197]

252. En esta época adquiere gran importancia la relación con los creyentes del Islam, hoy particularmente presentes en muchos países de tradición cristiana donde pueden celebrar libremente su culto y vivir integrados en la sociedad. Nunca hay que olvidar que ellos, "confesando adherirse a la fe de Abraham, adoran con nosotros a un Dios único, misericordioso, que juzgará a los hombres en el día final".[198] Los escritos sagrados del Islam conservan parte de las enseñanzas cristianas; Jesucristo y María son objeto de profunda veneración, y es admirable ver cómo jóvenes y ancianos, mujeres y varones del Islam son capaces de dedicar tiempo diariamente a la oración y de participar fielmente de sus ritos religiosos. Al mismo tiempo, muchos de ellos tienen una profunda convicción de que la propia vida, en su totalidad, es de Dios y para Él. También reconocen la necesidad de responderle con un compromiso ético y con la misericordia hacia los más pobres.

253. Para sostener el diálogo con el Islam es indispensable la adecuada formación de los interlocutores, no sólo para que estén sólida y gozosamente radicados en su propia identidad, sino para que sean capaces de reconocer los valores de los demás, de comprender las inquietudes que subyacen a sus reclamos y de sacar a luz las convicciones comunes. Los cristianos deberíamos acoger con afecto y respeto a los inmigrantes del Islam que llegan a nuestros países, del mismo modo que esperamos y rogamos ser acogidos y respetados en los países de tradición islámica. ¡Ruego, imploro humildemente a esos países que den libertad a los cristianos para poder celebrar su culto y vivir su fe, teniendo en cuenta la libertad que los creyentes del Islam gozan en los países occidentales! Frente a episodios de fundamentalismo violento que nos inquietan, el afecto hacia los verdaderos creyentes del Islam debe llevarnos a evitar odiosas generalizaciones, porque el verdadero Islam y una adecuada interpretación del Corán se oponen a toda violencia.

254. Los no cristianos, por la gratuita iniciativa divina, y fieles a su conciencia, pueden vivir "justificados mediante la gracia de Dios",[199] y así "asociados al misterio pascual de Jesucristo".[200] Pero, debido a la dimensión sacramental de la gracia santificante, la acción divina en ellos tiende a producir signos, ritos, expresiones sagradas que a su vez acercan a otros a una experiencia comunitaria de camino hacia Dios.[201] No tienen el sentido y la eficacia de los Sacramentos instituidos por Cristo, pero pueden ser cauces que el mismo Espíritu suscite para liberar a los no cristianos del inmanentismo ateo o de experiencias religiosas meramente individuales. El mismo Espíritu suscita en todas partes diversas formas de sabiduría práctica que ayudan a sobrellevar las penurias de la existencia y a vivir con más paz y armonía. Los cristianos también podemos aprovechar esa riqueza consolidada a lo largo de los siglos, que puede ayudarnos a vivir mejor nuestras propias convicciones.

EL DIÁLOGO SOCIAL EN UN CONTEXTO DE LIBERTAD RELIGIOSA

255. Los Padres sinodales recordaron la importancia del respeto a la libertad religiosa, considerada como un derecho humano fundamental.[202] Incluye "la libertad de elegir la religión que se estima verdadera y de manifestar públicamente la propia creencia".[203] Un sano pluralismo, que de verdad respete a los diferentes y los valore como tales, no implica una privatización de las religiones, con la pretensión de reducirlas al silencio y la oscuridad de la conciencia de cada uno, o a la marginalidad del recinto cerrado de los templos, sinagogas o mezquitas. Se trataría, en definitiva, de una nueva forma de discriminación y de autoritarismo. El debido respeto a las minorías de agnósticos o no creyentes no debe imponerse de un modo arbitrario que silencie las convicciones de mayorías creyentes o ignore la riqueza de las tradiciones religiosas. Eso a la larga fomentaría más el resentimiento que la tolerancia y la paz.

256. A la hora de preguntarse por la incidencia pública de la religión, hay que distinguir diversas formas de vivirla. Tanto los intelectuales como las notas periodísticas frecuentemente caen en groseras y poco académicas generalizaciones cuando hablan de los defectos de las religiones y muchas veces no son capaces de distinguir que no todos los creyentes —ni todas las autoridades religiosas— son iguales. Algunos políticos aprovechan esta confusión para justificar acciones discriminatorias. Otras veces se desprecian los escritos que han surgido en el ámbito de una convicción creyente, olvidando que los textos religiosos clásicos pueden ofrecer un significado para todas las épocas, tienen una fuerza motivadora que abre siempre nuevos horizontes, estimula el pensamiento, amplía la mente y la sensibilidad. Son despreciados por la cortedad de vista de los racionalismos. ¿Es razonable y culto relegarlos a la oscuridad, sólo por haber surgido en el contexto de una creencia religiosa? Incluyen principios profundamente humanistas que tienen un valor racional aunque estén teñidos por símbolos y doctrinas religiosas.

257. Los creyentes nos sentimos cerca también de quienes, no reconociéndose parte de alguna tradición religiosa, buscan sinceramente la verdad, la bondad y la belleza, que para nosotros tienen su máxima expresión y su fuente en Dios. Los percibimos como preciosos aliados en el empeño por la defensa de la dignidad humana, en la construcción de una convivencia pacífica entre los pueblos y en la custodia de lo creado. Un espacio peculiar es el de los llamados nuevos *Areópagos*, como el "Atrio de los Gentiles", donde "creyentes y no creyentes pueden dialogar sobre los temas fundamentales de la ética, del arte y de la ciencia, y sobre la búsqueda de la trascendencia".[204] Éste también es un camino de paz para nuestro mundo herido.

258. A partir de algunos temas sociales, importantes en orden al futuro de la humanidad, procuré explicitar una vez más la ineludible dimensión social del anuncio del Evangelio, para alentar a todos los cristianos a manifestarla siempre en sus palabras, actitudes y acciones.

CAPÍTULO QUINTO
Evangelizadores con espíritu

259. Evangelizadores con Espíritu quiere decir evangelizadores que se abren sin temor a la acción del Espíritu Santo. En Pentecostés, el Espíritu hace salir de sí mismos a los Apóstoles y los transforma en anunciadores de las grandezas de Dios, que cada uno comienza a entender en su propia lengua. El Espíritu Santo, además, infunde la fuerza para anunciar la novedad del Evangelio con audacia (*parresía*), en voz alta y en todo tiempo y lugar, incluso a contracorriente. Invoquémoslo hoy, bien apoyados en la oración, sin la cual toda acción corre el riesgo de quedarse vacía y el anuncio finalmente carece de alma. Jesús quiere evangelizadores que anuncien la Buena Noticia no sólo con palabras sino sobre todo con una vida que se ha transfigurado en la presencia de Dios.

260. En este último capítulo no ofreceré una síntesis de la espiritualidad cristiana, ni desarrollaré grandes temas como la oración, la adoración eucarística o la celebración de la fe, sobre los cuales tenemos ya valiosos textos magisteriales y célebres escritos de grandes autores. No pretendo reemplazar ni superar tanta riqueza. Simplemente propondré algunas reflexiones acerca del espíritu de la nueva evangelización.

261. Cuando se dice que algo tiene "espíritu", esto suele indicar unos móviles interiores que impulsan, motivan, alientan y dan sentido a la acción personal y comunitaria. Una evangelización con espíritu es muy diferente de un conjunto de tareas vividas como una obligación pesada que simplemente se tolera, o se sobrelleva como algo que contradice las propias inclinaciones y deseos. ¡Cómo quisiera encontrar las palabras para alentar una etapa evangelizadora más fervorosa, alegre, generosa, audaz, llena de amor hasta el

fin y de vida contagiosa! Pero sé que ninguna motivación será suficiente si no arde en los corazones el fuego del Espíritu. En definitiva, una evangelización con espíritu es una evangelización con Espíritu Santo, ya que Él es el alma de la Iglesia evangelizadora. Antes de proponeros algunas motivaciones y sugerencias espirituales, invoco una vez más al Espíritu Santo; le ruego que venga a renovar, a sacudir, a impulsar a la Iglesia en una audaz salida fuera de sí para evangelizar a todos los pueblos.

I. MOTIVACIONES PARA UN RENOVADO IMPULSO MISIONERO

262. Evangelizadores con Espíritu quiere decir evangelizadores que oran y trabajan. Desde el punto de vista de la evangelización, no sirven ni las propuestas místicas sin un fuerte compromiso social y misionero, ni los discursos y praxis sociales o pastorales sin una espiritualidad que transforme el corazón. Esas propuestas parciales y desintegradoras sólo llegan a grupos reducidos y no tienen fuerza de amplia penetración, porque mutilan el Evangelio. Siempre hace falta cultivar un espacio interior que otorgue sentido cristiano al compromiso y a la actividad.[205] Sin momentos detenidos de adoración, de encuentro orante con la Palabra, de diálogo sincero con el Señor, las tareas fácilmente se vacían de sentido, nos debilitamos por el cansancio y las dificultades, y el fervor se apaga. La Iglesia necesita imperiosamente el pulmón de la oración, y me alegra enormemente que se multipliquen en todas las instituciones eclesiales los grupos de oración, de intercesión, de lectura orante de la Palabra, las adoraciones perpetuas de la Eucaristía. Al mismo tiempo, "se debe rechazar la tentación de una espiritualidad oculta e individualista, que poco tiene que ver con las exigencias de la caridad y con la lógica de la Encarnación".[206] Existe el riesgo de que algunos momentos de oración se conviertan en excusa para no entregar la vida en la misión, porque la privatización del estilo de vida puede llevar a los cristianos a refugiarse en alguna falsa espiritualidad.

263. Es sano acordarse de los primeros cristianos y de tantos hermanos a lo largo de la historia que estuvieron cargados de alegría, llenos de coraje, incansables en el anuncio y capaces de una gran resistencia activa. Hay quienes se consuelan diciendo que hoy es más difícil; sin embargo, reconozcamos que las circunstancias del Imperio romano no eran favorables al anuncio del Evangelio, ni a la lucha por la justicia, ni a la defensa de la dignidad humana. En todos los momentos de la historia están presentes la debilidad humana, la búsqueda enfermiza de sí mismo, el egoísmo cómodo y, en definitiva, la concupiscencia que nos acecha a todos. Eso está siempre, con un ropaje o con otro; viene del límite humano más que de las circunstancias. Entonces, no digamos que hoy es más difícil; es distinto. Pero aprendamos de los santos que nos han precedido y enfrentaron las dificultades propias de su época. Para ello, os propongo que nos detengamos a recuperar algunas motivaciones que nos ayuden a imitarlos hoy.[207]

El encuentro personal con el amor de Jesús que nos salva

264. La primera motivación para evangelizar es el amor de Jesús que hemos recibido, esa experiencia de ser salvados por Él que nos mueve a amarlo siempre más. Pero ¿qué amor es ese que no siente la necesidad de hablar del ser amado, de mostrarlo, de hacerlo conocer? Si no sentimos el intenso deseo de comunicarlo, necesitamos detenernos en oración para pedirle a Él que vuelva a cautivarnos. Nos hace falta clamar cada día, pedir su gracia para que nos abra el corazón frío y sacuda nuestra vida tibia y superficial. Puestos ante Él con el corazón abierto, dejando que Él nos contemple, reconocemos esa mirada de amor que descubrió Natanael el día que Jesús se hizo presente y le dijo: "Cuando estabas debajo de la higuera, te vi" (Jn 1:48). ¡Qué dulce es estar frente a un crucifijo, o de rodillas delante del Santísimo, y simplemente ser ante sus ojos! ¡Cuánto bien nos hace dejar que Él vuelva a tocar nuestra existencia y nos

lance a comunicar su vida nueva! Entonces, lo que ocurre es que, en definitiva, "lo que hemos visto y oído es lo que anunciamos" (1 Jn 1:3). La mejor motivación para decidirse a comunicar el Evangelio es contemplarlo con amor, es detenerse en sus páginas y leerlo con el corazón. Si lo abordamos de esa manera, su belleza nos asombra, vuelve a cautivarnos una y otra vez. Para eso urge recobrar un espíritu *contemplativo*, que nos permita redescubrir cada día que somos depositarios de un bien que humaniza, que ayuda a llevar una vida nueva. No hay nada mejor para transmitir a los demás.

265. Toda la vida de Jesús, su forma de tratar a los pobres, sus gestos, su coherencia, su generosidad cotidiana y sencilla, y finalmente su entrega total, todo es precioso y le habla a la propia vida. Cada vez que uno vuelve a descubrirlo, se convence de que eso mismo es lo que los demás necesitan, aunque no lo reconozcan: "Lo que vosotros adoráis sin conocer es lo que os vengo a anunciar" (Hechos 17:23). A veces perdemos el entusiasmo por la misión al olvidar que el Evangelio *responde a las necesidades más profundas* de las personas, porque todos hemos sido creados para lo que el Evangelio nos propone: la amistad con Jesús y el amor fraterno. Cuando se logra expresar adecuadamente y con belleza el contenido esencial del Evangelio, seguramente ese mensaje hablará a las búsquedas más hondas de los corazones: "El misionero está convencido de que existe ya en las personas y en los pueblos, por la acción del Espíritu, una espera, aunque sea inconsciente, por conocer la verdad sobre Dios, sobre el hombre, sobre el camino que lleva a la liberación del pecado y de la muerte. El entusiasmo por anunciar a Cristo deriva de la convicción de responder a esta esperanza".[208]

El entusiasmo evangelizador se fundamenta en esta convicción. Tenemos un tesoro de vida y de amor que es lo que no puede engañar, el mensaje que no puede manipular ni desilusionar. Es una respuesta que cae en lo más hondo del ser humano y que puede sostenerlo y elevarlo. Es la verdad que no pasa de moda porque es capaz de penetrar allí donde nada más puede llegar. Nuestra tristeza infinita sólo se cura con un infinito amor.

266. Pero esa convicción se sostiene con la propia experiencia, constantemente renovada, de gustar su amistad y su mensaje. No se puede perseverar en una evangelización fervorosa si uno no sigue convencido, por experiencia propia, de que no es lo mismo haber conocido a Jesús que no conocerlo, no es lo mismo caminar con Él que caminar a tientas, no es lo mismo poder escucharlo que ignorar su Palabra, no es lo mismo poder contemplarlo, adorarlo, descansar en Él, que no poder hacerlo. No es lo mismo tratar de construir el mundo con su Evangelio que hacerlo sólo con la propia razón. Sabemos bien que la vida con Él se vuelve mucho más plena y que con Él es más fácil encontrarle un sentido a todo. Por eso evangelizamos. El verdadero misionero, que nunca deja de ser discípulo, sabe que Jesús camina con él, habla con él, respira con él, trabaja con él. Percibe a Jesús vivo con él en medio de la tarea misionera. Si uno no lo descubre a Él presente en el corazón mismo de la entrega misionera, pronto pierde el entusiasmo y deja de estar seguro de lo que transmite, le falta fuerza y pasión. Y una persona que no está convencida, entusiasmada, segura, enamorada, no convence a nadie.

267. Unidos a Jesús, buscamos lo que Él busca, amamos lo que Él ama. En definitiva, lo que buscamos es la gloria del Padre; vivimos y actuamos "para alabanza de la gloria de su gracia" (Ef 1:6). Si queremos entregarnos a fondo y con constancia, tenemos que ir más allá de cualquier otra motivación. Éste es el móvil definitivo, el más profundo, el más grande, la razón y el sentido final de todo lo demás. Se trata de la gloria del Padre que Jesús buscó durante toda su existencia. Él es el Hijo eternamente feliz con todo su ser "hacia el seno del Padre" (Jn 1:18). Si somos misioneros, es ante todo porque Jesús nos ha dicho: "La gloria de mi Padre consiste en que deis fruto abundante" (Jn 15:8). Más allá de que nos convenga o no, nos interese o no, nos sirva o no, más allá de los límites pequeños de nuestros

deseos, nuestra comprensión y nuestras motivaciones, evangelizamos para la mayor gloria del Padre que nos ama.

El gusto espiritual de ser pueblo

268. La Palabra de Dios también nos invita a reconocer que somos pueblo: "Vosotros, que en otro tiempo no erais pueblo, ahora sois pueblo de Dios" (1 Pe 2:10). Para ser evangelizadores de alma también hace falta desarrollar el gusto espiritual de estar cerca de la vida de la gente, hasta el punto de descubrir que eso es fuente de un gozo superior. La misión es una pasión por Jesús pero, al mismo tiempo, una pasión por su pueblo. Cuando nos detenemos ante Jesús crucificado, reconocemos todo su amor que nos dignifica y nos sostiene, pero allí mismo, si no somos ciegos, empezamos a percibir que esa mirada de Jesús se amplía y se dirige llena de cariño y de ardor hacia todo su pueblo. Así redescubrimos que Él nos quiere tomar como instrumentos para llegar cada vez más cerca de su pueblo amado. Nos toma de en medio del pueblo y nos envía al pueblo, de tal modo que nuestra identidad no se entiende sin esta pertenencia.

269. Jesús mismo es el modelo de esta opción evangelizadora que nos introduce en el corazón del pueblo. ¡Qué bien nos hace mirarlo cercano a todos! Si hablaba con alguien, miraba sus ojos con una profunda atención amorosa: "Jesús lo miró con cariño" (Mc 10:21). Lo vemos accesible cuando se acerca al ciego del camino (cf. Mc 10:46-52) y cuando come y bebe con los pecadores (cf. Mc 2:16), sin importarle que lo traten de comilón y borracho (cf. Mt 11:19). Lo vemos disponible cuando deja que una mujer prostituta unja sus pies (cf. Lc 7:36-50) o cuando recibe de noche a Nicodemo (cf. Jn 3:1-15). La entrega de Jesús en la cruz no es más que la culminación de ese estilo que marcó toda su existencia. Cautivados por ese modelo, deseamos integrarnos a fondo en la sociedad, compartimos la vida con todos, escuchamos sus inquietudes, colaboramos material y espiritualmente con ellos en sus necesidades, nos alegramos

con los que están alegres, lloramos con los que lloran y nos comprometemos en la construcción de un mundo nuevo, codo a codo con los demás. Pero no por obligación, no como un peso que nos desgasta, sino como una opción personal que nos llena de alegría y nos otorga identidad.

270. A veces sentimos la tentación de ser cristianos manteniendo una prudente distancia de las llagas del Señor. Pero Jesús quiere que toquemos la miseria humana, que toquemos la carne sufriente de los demás. Espera que renunciemos a buscar esos cobertizos personales o comunitarios que nos permiten mantenernos a distancia del nudo de la tormenta humana, para que aceptemos de verdad entrar en contacto con la existencia concreta de los otros y conozcamos la fuerza de la ternura. Cuando lo hacemos, la vida siempre se nos complica maravillosamente y vivimos la intensa experiencia de ser pueblo, la experiencia de pertenecer a un pueblo.

271. Es verdad que, en nuestra relación con el mundo, se nos invita a dar razón de nuestra esperanza, pero no como enemigos que señalan y condenan. Se nos advierte muy claramente: "Hacedlo con dulzura y respeto" (1 Pe 3:16), y "en lo posible y en cuanto de vosotros dependa, en paz con todos los hombres" (Rom 12:18). También se nos exhorta a tratar de vencer "el mal con el bien" (Rom 12:21), sin cansarnos "de hacer el bien" (Gal 6:9) y sin pretender aparecer como superiores, sino "considerando a los demás como superiores a uno mismo" (Flp 2:3). De hecho, los Apóstoles del Señor gozaban de "la simpatía de todo el pueblo" (Hechos 2:47; 4:21, 33; 5:13). Queda claro que Jesucristo no nos quiere príncipes que miran despectivamente, sino hombres y mujeres de pueblo. Ésta no es la opinión de un Papa ni una opción pastoral entre otras posibles; son indicaciones de la Palabra de Dios tan claras, directas y contundentes que no necesitan interpretaciones que les quiten fuerza interpelante. Vivámoslas *"sine glossa"*, sin comentarios. De ese modo, experimentaremos el gozo misionero de compartir la vida con el pueblo fiel a Dios tratando de encender el fuego en el corazón del mundo.

272. El amor a la gente es una fuerza espiritual que facilita el encuentro pleno con Dios hasta el punto de que quien no ama al hermano "camina en las tinieblas" (1 Jn 2:11), "permanece en la muerte" (1 Jn 3:14) y "no ha conocido a Dios" (1 Jn 4:8). Benedicto XVI ha dicho que "cerrar los ojos ante el prójimo nos convierte también en ciegos ante Dios",[209] y que el amor es en el fondo la *única* luz que "ilumina constantemente a un mundo oscuro y nos da la fuerza para vivir y actuar".[210] Por lo tanto, cuando vivimos la mística de acercarnos a los demás y de buscar su bien, ampliamos nuestro interior para recibir los más hermosos regalos del Señor. Cada vez que nos encontramos con un ser humano en el amor, quedamos capacitados para descubrir algo nuevo de Dios. Cada vez que se nos abren los ojos para reconocer al otro, se nos ilumina más la fe para reconocer a Dios. Como consecuencia de esto, si queremos crecer en la vida espiritual, no podemos dejar de ser misioneros. La tarea evangelizadora enriquece la mente y el corazón, nos abre horizontes espirituales, nos hace más sensibles para reconocer la acción del Espíritu, nos saca de nuestros esquemas espirituales limitados. Simultáneamente, un misionero entregado experimenta el gusto de ser un manantial, que desborda y refresca a los demás. Sólo puede ser misionero alguien que se sienta bien buscando el bien de los demás, deseando la felicidad de los otros. Esa apertura del corazón es fuente de felicidad, porque "hay más alegría en dar que en recibir" (Hechos 20:35). Uno no vive mejor si escapa de los demás, si se esconde, si se niega a compartir, si se resiste a dar, si se encierra en la comodidad. Eso no es más que un lento suicidio.

273. La misión en el corazón del pueblo no es una parte de mi vida, o un adorno que me puedo quitar; no es un apéndice o un momento más de la existencia. Es algo que yo no puedo arrancar de mi ser si no quiero destruirme. Yo *soy una misión* en esta tierra, y para eso estoy en este mundo. Hay que reconocerse a sí mismo como marcado a fuego por esa misión de iluminar, bendecir, vivificar, levantar, sanar, liberar. Allí aparece la enfermera de alma, el docente de alma, el

político de alma, esos que han decidido a fondo ser con los demás y para los demás. Pero si uno separa la tarea por una parte y la propia privacidad por otra, todo se vuelve gris y estará permanentemente buscando reconocimientos o defendiendo sus propias necesidades. Dejará de ser pueblo.

274. Para compartir la vida con la gente y entregarnos generosamente, necesitamos reconocer también que cada persona es digna de nuestra entrega. No por su aspecto físico, por sus capacidades, por su lenguaje, por su mentalidad o por las satisfacciones que nos brinde, sino porque es obra de Dios, criatura suya. Él la creó a su imagen, y refleja algo de su gloria. Todo ser humano es objeto de la ternura infinita del Señor, y Él mismo habita en su vida. Jesucristo dio su preciosa sangre en la cruz por esa persona. Más allá de toda apariencia, cada uno es *inmensamente sagrado y merece nuestro cariño y nuestra entrega*. Por ello, si logro ayudar a una sola persona a vivir mejor, eso ya justifica la entrega de mi vida. Es lindo ser pueblo fiel de Dios. ¡Y alcanzamos plenitud cuando rompemos las paredes y el corazón se nos llena de rostros y de nombres!

La acción misteriosa del Resucitado y de su Espíritu

275. En el capítulo segundo reflexionábamos sobre esa falta de espiritualidad profunda que se traduce en el pesimismo, el fatalismo, la desconfianza. Algunas personas no se entregan a la misión, pues creen que nada puede cambiar y entonces para ellos es inútil esforzarse. Piensan así: "¿Para qué me voy a privar de mis comodidades y placeres si no voy a ver ningún resultado importante?". Con esa actitud se vuelve imposible ser misioneros. Tal actitud es precisamente una excusa maligna para quedarse encerrados en la comodidad, la flojera, la tristeza insatisfecha, el vacío egoísta. Se trata de una actitud autodestructiva porque "el hombre no puede vivir sin esperanza: su vida, condenada a la insignificancia, se volvería insoportable".[211] Si pensamos que las cosas no van a cambiar,

recordemos que Jesucristo ha triunfado sobre el pecado y la muerte y está lleno de poder. Jesucristo verdaderamente vive. De otro modo, "si Cristo no resucitó, nuestra predicación está vacía" (1 Cor 15:14). El Evangelio nos relata que cuando los primeros discípulos salieron a predicar, "el Señor colaboraba con ellos y confirmaba la Palabra" (Mc 16:20). Eso también sucede hoy. Se nos invita a descubrirlo, a vivirlo. Cristo resucitado y glorioso es la fuente profunda de nuestra esperanza, y no nos faltará su ayuda para cumplir la misión que nos encomienda.

276. Su resurrección no es algo del pasado; entraña una fuerza de vida que ha penetrado el mundo. Donde parece que todo ha muerto, por todas partes vuelven a aparecer los brotes de la resurrección. Es una fuerza imparable. Verdad que muchas veces parece que Dios no existiera: vemos injusticias, maldades, indiferencias y crueldades que no ceden. Pero también es cierto que en medio de la oscuridad siempre comienza a brotar algo nuevo, que tarde o temprano produce un fruto. En un campo arrasado vuelve a aparecer la vida, tozuda e invencible. Habrá muchas cosas negras, pero el bien siempre tiende a volver a brotar y a difundirse. Cada día en el mundo renace la belleza, que resucita transformada a través de las tormentas de la historia. Los valores tienden siempre a reaparecer de nuevas maneras, y de hecho el ser humano ha renacido muchas veces de lo que parecía irreversible. Ésa es la fuerza de la resurrección y cada evangelizador es un instrumento de ese dinamismo.

277. También aparecen constantemente nuevas dificultades, la experiencia del fracaso, las pequeñeces humanas que tanto duelen. Todos sabemos por experiencia que a veces una tarea no brinda las satisfacciones que desearíamos, los frutos son reducidos y los cambios son lentos, y uno tiene la tentación de cansarse. Sin embargo, no es lo mismo cuando uno, por cansancio, baja momentáneamente los brazos que cuando los baja definitivamente dominado por un descontento crónico, por una acedia que le seca el alma. Puede

suceder que el corazón se canse de luchar porque en definitiva se busca a sí mismo en un carrerismo sediento de reconocimientos, aplausos, premios, puestos; entonces, uno no baja los brazos, pero ya no tiene garra, le falta resurrección. Así, el Evangelio, que es el mensaje más hermoso que tiene este mundo, queda sepultado debajo de muchas excusas.

278. La fe es también creerle a Él, creer que es verdad que nos ama, que vive, que es capaz de intervenir misteriosamente, que no nos abandona, que saca bien del mal con su poder y con su infinita creatividad. Es creer que Él marcha victorioso en la historia "en unión con los suyos, los llamados, los elegidos y los fieles" (Ap 17:14). Creámosle al Evangelio que dice que el Reino de Dios ya está presente en el mundo, y está desarrollándose aquí y allá, de diversas maneras: como la semilla pequeña que puede llegar a convertirse en un gran árbol (cf. Mt 13:31-32), como el puñado de levadura, que fermenta una gran masa (cf. Mt 13:33), y como la buena semilla que crece en medio de la cizaña (cf. Mt 13:24-30), y siempre puede sorprendernos gratamente. Ahí está, viene otra vez, lucha por florecer de nuevo. La resurrección de Cristo provoca por todas partes gérmenes de ese mundo nuevo; y aunque se los corte, vuelven a surgir, porque la resurrección del Señor ya ha penetrado la trama oculta de esta historia, porque Jesús no ha resucitado en vano. ¡No nos quedemos al margen de esa marcha de la esperanza viva!

279. Como no siempre vemos esos brotes, nos hace falta una certeza interior y es la convicción de que Dios puede actuar en cualquier circunstancia, también en medio de aparentes fracasos, porque "llevamos este tesoro en recipientes de barro" (2 Cor 4:7). Esta certeza es lo que se llama *sentido de misterio*. Es saber con certeza que quien se ofrece y se entrega a Dios por amor seguramente será fecundo (cf. Jn 15:5). Tal fecundidad es muchas veces invisible, inaferrable, no puede ser contabilizada. Uno sabe bien que su vida dará frutos, pero sin pretender saber cómo, ni dónde, ni cuándo. Tiene la seguridad

de que no se pierde ninguno de sus trabajos realizados con amor, no se pierde ninguna de sus preocupaciones sinceras por los demás, no se pierde ningún acto de amor a Dios, no se pierde ningún cansancio generoso, no se pierde ninguna dolorosa paciencia. Todo eso da vueltas por el mundo como una fuerza de vida. A veces nos parece que nuestra tarea no ha logrado ningún resultado, pero la misión no es un negocio ni un proyecto empresarial, no es tampoco una organización humanitaria, no es un espectáculo para contar cuánta gente asistió gracias a nuestra propaganda; es algo mucho más profundo, que escapa a toda medida. Quizás el Señor toma nuestra entrega para derramar bendiciones en otro lugar del mundo donde nosotros nunca iremos. El Espíritu Santo obra como quiere, cuando quiere y donde quiere; nosotros nos entregamos pero sin pretender ver resultados llamativos. Sólo sabemos que nuestra entrega es necesaria. Aprendamos a descansar en la ternura de los brazos del Padre en medio de la entrega creativa y generosa. Sigamos adelante, démoslo todo, pero dejemos que sea Él quien haga fecundos nuestros esfuerzos como a Él le parezca.

280. Para mantener vivo el ardor misionero hace falta una decidida confianza en el Espíritu Santo, porque Él "viene en ayuda de nuestra debilidad" (Rom 8:26). Pero esa confianza generosa tiene que alimentarse y para eso necesitamos invocarlo constantemente. Él puede sanar todo lo que nos debilita en el empeño misionero. Es verdad que esta confianza en lo invisible puede producirnos cierto vértigo: es como sumergirse en un mar donde no sabemos qué vamos a encontrar. Yo mismo lo experimenté tantas veces. Pero no hay mayor libertad que la de dejarse llevar por el Espíritu, renunciar a calcularlo y controlarlo todo, y permitir que Él nos ilumine, nos guíe, nos oriente, nos impulse hacia donde Él quiera. Él sabe bien lo que hace falta en cada época y en cada momento. ¡Esto se llama ser misteriosamente fecundos!

La fuerza misionera de la intercesión

281. Hay una forma de oración que nos estimula particularmente a la entrega evangelizadora y nos motiva a buscar el bien de los demás: es la intercesión. Miremos por un momento el interior de un gran evangelizador como san Pablo, para percibir cómo era su oración. Esa oración estaba llena de seres humanos: "En todas mis oraciones siempre pido con alegría por todos vosotros . . . porque os llevo dentro de mi corazón" (Flp 1:4, 7). Así descubrimos que interceder no nos aparta de la verdadera contemplación, porque la contemplación que deja fuera a los demás es un engaño.

282. Esta actitud se convierte también en agradecimiento a Dios por los demás: "Ante todo, doy gracias a mi Dios por medio de Jesucristo por todos vosotros" (Rom 1:8). Es un agradecimiento constante: "Doy gracias a Dios *sin cesar* por todos vosotros a causa de la gracia de Dios que os ha sido otorgada en Cristo Jesús" (1 Cor 1:4); "Doy gracias a mi Dios *todas las veces* que me acuerdo de vosotros" (Flp 1:3). No es una mirada incrédula, negativa y desesperanzada, sino una mirada espiritual, de profunda fe, que reconoce lo que Dios mismo hace en ellos. Al mismo tiempo, es la gratitud que brota de un corazón verdaderamente atento a los demás. De esa forma, cuando un evangelizador sale de la oración, el corazón se le ha vuelto más generoso, se ha liberado de la conciencia aislada y está deseoso de hacer el bien y de compartir la vida con los demás.

283. Los grandes hombres y mujeres de Dios fueron grandes intercesores. La intercesión es como "levadura" en el seno de la Trinidad. Es un adentrarnos en el Padre y descubrir nuevas dimensiones que iluminan las situaciones concretas y las cambian. Podemos decir que el corazón de Dios se conmueve por la intercesión, pero en realidad Él siempre nos gana de mano, y lo que posibilitamos con nuestra intercesión es que su poder, su amor y su lealtad se manifiesten con mayor nitidez en el pueblo.

II. MARÍA, LA MADRE DE LA EVANGELIZACIÓN

284. Con el Espíritu Santo, en medio del pueblo siempre está María. Ella reunía a los discípulos para invocarlo (Hechos 1:14), y así hizo posible la explosión misionera que se produjo en Pentecostés. Ella es la Madre de la Iglesia evangelizadora y sin ella no terminamos de comprender el espíritu de la nueva evangelización.

El regalo de Jesús a su pueblo

285. En la cruz, cuando Cristo sufría en su carne el dramático encuentro entre el pecado del mundo y la misericordia divina, pudo ver a sus pies la consoladora presencia de la Madre y del amigo. En ese crucial instante, antes de dar por consumada la obra que el Padre le había encargado, Jesús le dijo a María: "Mujer, ahí tienes a tu hijo". Luego le dijo al amigo amado: "Ahí tienes a tu madre" (Jn 19:26-27). Estas palabras de Jesús al borde de la muerte no expresan primeramente una preocupación piadosa hacia su madre, sino que son más bien una fórmula de revelación que manifiesta el misterio de una especial misión salvífica. Jesús nos dejaba a su madre como madre nuestra. Sólo después de hacer esto Jesús pudo sentir que "todo está cumplido" (Jn 19:28). Al pie de la cruz, en la hora suprema de la nueva creación, Cristo nos lleva a María. Él nos lleva a ella, porque no quiere que caminemos sin una madre, y el pueblo lee en esa imagen materna todos los misterios del Evangelio. Al Señor no le agrada que falte a su Iglesia el icono femenino. Ella, que lo engendró con tanta fe, también acompaña "al resto de sus hijos, los que guardan los mandamientos de Dios y mantienen el testimonio de Jesús" (Ap 12:17). La íntima conexión entre María, la Iglesia y cada fiel, en cuanto que, de diversas maneras, engendran a Cristo, ha sido bellamente expresada por el beato Isaac de Stella: "En las Escrituras divinamente inspiradas, lo que se entiende en general de la Iglesia, virgen y madre, se entiende en particular de la Virgen María . . . También se puede decir que cada alma fiel es esposa del Verbo de Dios, madre de Cristo, hija y hermana, virgen

y madre fecunda . . . Cristo permaneció nueve meses en el seno de María; permanecerá en el tabernáculo de la fe de la Iglesia hasta la consumación de los siglos; y en el conocimiento y en el amor del alma fiel por los siglos de los siglos".[212]

286. María es la que sabe transformar una cueva de animales en la casa de Jesús, con unos pobres pañales y una montaña de ternura. Ella es la esclavita del Padre que se estremece en la alabanza. Ella es la amiga siempre atenta para que no falte el vino en nuestras vidas. Ella es la del corazón abierto por la espada, que comprende todas las penas. Como madre de todos, es signo de esperanza para los pueblos que sufren dolores de parto hasta que brote la justicia. Ella es la misionera que se acerca a nosotros para acompañarnos por la vida, abriendo los corazones a la fe con su cariño materno. Como una verdadera madre, ella camina con nosotros, lucha con nosotros, y derrama incesantemente la cercanía del amor de Dios. A través de las distintas advocaciones marianas, ligadas generalmente a los santuarios, comparte las historias de cada pueblo que ha recibido el Evangelio, y entra a formar parte de su identidad histórica. Muchos padres cristianos piden el Bautismo para sus hijos en un santuario mariano, con lo cual manifiestan la fe en la acción maternal de María que engendra nuevos hijos para Dios. Es allí, en los santuarios, donde puede percibirse cómo María reúne a su alrededor a los hijos que peregrinan con mucho esfuerzo para mirarla y dejarse mirar por ella. Allí encuentran la fuerza de Dios para sobrellevar los sufrimientos y cansancios de la vida. Como a san Juan Diego, María les da la caricia de su consuelo maternal y les dice al oído: "No se turbe tu corazón . . . ¿No estoy yo aquí, que soy tu Madre?".[213]

LA ESTRELLA DE LA NUEVA EVANGELIZACIÓN

287. A la Madre del Evangelio viviente le pedimos que interceda para que esta invitación a una nueva etapa evangelizadora sea acogida por toda la comunidad eclesial. Ella es la mujer de fe, que

vive y camina en la fe,[214] y "su excepcional peregrinación de la fe representa un punto de referencia constante para la Iglesia".[215] Ella se dejó conducir por el Espíritu, en un itinerario de fe, hacia un destino de servicio y fecundidad. Nosotros hoy fijamos en ella la mirada, para que nos ayude a anunciar a todos el mensaje de salvación, y para que los nuevos discípulos se conviertan en agentes evangelizadores.[216] En esta peregrinación evangelizadora no faltan las etapas de aridez, ocultamiento, y hasta cierta fatiga, como la que vivió María en los años de Nazaret, mientras Jesús crecía: "Éste es el comienzo del Evangelio, o sea de la buena y agradable nueva. No es difícil, pues, notar en este inicio una particular fatiga del corazón, unida a una especie de "noche de la fe" —usando una expresión de san Juan de la Cruz—, como un "velo" a través del cual hay que acercarse al Invisible y vivir en intimidad con el misterio. Pues de este modo María, durante muchos años, permaneció en intimidad con el misterio de su Hijo, y avanzaba en su itinerario de fe".[217]

288. Hay un estilo mariano en la actividad evangelizadora de la Iglesia. Porque cada vez que miramos a María volvemos a creer en lo revolucionario de la ternura y del cariño. En ella vemos que la humildad y la ternura no son virtudes de los débiles sino de los fuertes, que no necesitan maltratar a otros para sentirse importantes. Mirándola descubrimos que la misma que alababa a Dios porque "derribó de su trono a los poderosos" y "despidió vacíos a los ricos" (Lc 1:52, 53) es la que pone calidez de hogar en nuestra búsqueda de justicia. Es también la que conserva cuidadosamente "todas las cosas meditándolas en su corazón" (Lc 2:19). María sabe reconocer las huellas del Espíritu de Dios en los grandes acontecimientos y también en aquellos que parecen imperceptibles. Es contemplativa del misterio de Dios en el mundo, en la historia y en la vida cotidiana de cada uno y de todos. Es la mujer orante y trabajadora en Nazaret, y también es nuestra Señora de la prontitud, la que sale de su pueblo para auxiliar a los demás "sin demora" (Lc 1:39). Esta dinámica de justicia y ternura, de contemplar y caminar hacia los

demás, es lo que hace de ella un modelo eclesial para la evangelización. Le rogamos que con su oración maternal nos ayude para que la Iglesia llegue a ser una casa para muchos, una madre para todos los pueblos, y haga posible el nacimiento de un mundo nuevo. Es el Resucitado quien nos dice, con una potencia que nos llena de inmensa confianza y de firmísima esperanza: "Yo hago nuevas todas las cosas" (Ap 21:5). Con María avanzamos confiados hacia esta promesa, y le decimos:

Virgen y Madre María,
tú que, movida por el Espíritu,
acogiste al Verbo de la vida
en la profundidad de tu humilde fe,
totalmente entregada al Eterno,
ayúdanos a decir nuestro "sí"
ante la urgencia, más imperiosa que nunca,
de hacer resonar la Buena Noticia de Jesús.

Tú, llena de la presencia de Cristo,
llevaste la alegría a Juan el Bautista,
haciéndolo exultar en el seno de su madre.
Tú, estremecida de gozo,
cantaste las maravillas del Señor.
Tú, que estuviste plantada ante la cruz
con una fe inquebrantable
y recibiste el alegre consuelo de la resurrección,
recogiste a los discípulos en la espera del Espíritu
para que naciera la Iglesia evangelizadora.

Consíguenos ahora un nuevo ardor de resucitados
para llevar a todos el Evangelio de la vida
que vence a la muerte.
Danos la santa audacia de buscar nuevos caminos

para que llegue a todos
el don de la belleza que no se apaga.

Tú, Virgen de la escucha y la contemplación,
madre del amor, esposa de las bodas eternas,
intercede por la Iglesia, de la cual eres el icono purísimo,
para que ella nunca se encierre ni se detenga
en su pasión por instaurar el Reino.

Estrella de la nueva evangelización,
ayúdanos a resplandecer en el testimonio de la comunión,
del servicio, de la fe ardiente y generosa,
de la justicia y el amor a los pobres,
para que la alegría del Evangelio
llegue hasta los confines de la tierra
y ninguna periferia se prive de su luz.

Madre del Evangelio viviente,
manantial de alegría para los pequeños,
ruega por nosotros.

Amén. Aleluya.

Dado en Roma, junto a San Pedro, en la clausura del Año de la fe, el 24 de noviembre, Solemnidad de Jesucristo, Rey del Universo, del año 2013, primero de mi Pontificado.

NOTAS

1   Pablo VI, Exhort. ap. *Gaudete in Domino* (9 de mayo de 1975), no. 22: AAS 67 (1975), 297.

2   *Ibíd.*, 8: AAS 67 (1975), 292.

3   Carta enc. *Deus caritas est* (25 de diciembre de 2005), no. 1: AAS 98 (2006), 217.

4   V Conferencia General del Episcopado Latinoamericano y del Caribe, *Documento de Aparecida* (29 de junio de 2007), 360.

5   *Ibíd.*

6   Pablo VI, Exhort. ap. *Evangelii nuntiandi* (8 de diciembre de 1975), no. 80: AAS 68 (1976), 75.

7   *Cántico espiritual*, 36, 10.

8   *Adversus haereses*, IV, c. 34, n. 1: PG 7, 1083: "*Omnem novitatem attulit, semetipsum afferens*".

9   Pablo VI, Exhort. ap. *Evangelii nuntiandi* (8 de diciembre de 1975), no. 7: AAS 68 (1976), 9.

10   Cf. *Propositio* 7.

11   Benedicto XVI, *Homilía durante la Santa Misa conclusiva de la XIII Asamblea General Ordinaria del Sínodo de los Obispos* (28 de octubre de 2012): AAS 104 (2012), 890.

12   *Ibíd.* 14

13   Benedicto XVI, *Homilía en la Eucaristía de inauguración de la V Conferencia General del Episcopado Latinoamericano y del Caribe en el Santuario de "La Aparecida"* (13 de mayo de 2007): AAS 99 (2007), 437.

14   Carta enc. *Redemptoris missio* (7 de diciembre de 1990), no. 34: AAS 83 (1991), 280.

15   *Ibíd.*, 40: AAS 83 (1991), 287.

16   *Ibíd.*, 86: AAS 83 (1991), 333.

17   V Conferencia General del Episcopado Latinoamericano y del Caribe, *Documento de Aparecida* (29 de junio de 2007), 548.

18   *Ibíd.*, 370.

19   Cf. *Propositio* 1.

20   Juan Pablo II, Exhort. ap. postsinodal *Christifideles laici* (30 de diciembre de 1988), no. 32: AAS 81 (1989), 451.

21   V Conferencia General del Episcopado Latinoamericano y del Caribe, *Documento de Aparecida* (29 de junio de 2007), 201.

22   *Ibíd.*, 551.

23   Pablo VI, Carta enc. *Ecclesiam suam* (6 de agosto de 1964), no. 3: AAS 56 (1964), 611-612.

24   Conc. Ecum. Vat. II, Decreto *Unitatis redintegratio*, sobre el ecumenismo, no. 6.

25   Juan Pablo II, Exhort. ap. postsinodal *Ecclesia in Oceania* (22 de noviembre de 2001), no. 19: AAS 94 (2002), 390.

26 Juan Pablo II, Exhort. ap. postsinodal *Christifideles laici* (30 de diciembre de 1988), no. 26: AAS 81 (1989), 438.

27 Cf. *Propositio* 26.

28 Cf. *Propositio* 44.

29 Cf. *Propositio* 26.

30 Cf. *Propositio* 41.

31 Conc. Ecum. Vat. II, Decreto *Christus Dominus*, sobre el oficio pastoral de los Obispos, no. 11.

32 Cf. Benedicto XVI, *Discurso a los participantes en un Congreso con ocasión del 40 Aniversario del Decreto Ad Gentes* (11 de marzo de 2006): AAS 98 (2006), 337.

33 Cf. *Propositio* 42.

34 Cf. cc. 460-468; 492-502; 511-514; 536-537.

35 Carta enc. *Ut unum sint* (25 de mayo de 1995), no. 95: AAS 87 (1995), 977-978.

36 Conc. Ecum. Vat. II, Const. dogm. *Lumen gentium*, sobre la Iglesia, no. 23.

37 Cf. Juan Pablo II, Motu proprio *Apostolos suos* (21 de mayo de 1998): AAS 90 (1998), 641-658.

38 Conc. Ecum. Vat. II, Decreto *Unitatis redintegratio*, sobre el ecumenismo, no. 11.

39 Cf. *Summa Theologiae* I-II, q. 66, art. 4-6.

40 *Summa Theologiae* I-II, q. 108, art. 1.

41 *Summa Theologiae* II-II, q. 30, art. 4. Cf. *ibíd.* q. 30, art. 4, ad 1: "No adoramos a Dios con sacrificios y dones exteriores por Él mismo, sino por nosotros y por el prójimo. Él no necesita nuestros sacrificios, pero quiere que se los ofrezcamos por nuestra devoción y para la utilidad del prójimo. Por eso, la misericordia, que socorre los defectos ajenos, es el sacrificio que más le agrada, ya que causa más de cerca la utilidad del prójimo".

42 Conc. Ecum. Vat. II, Const. dogm. *Dei Verbum*, sobre la divina Revelación, no. 12.

43 Motu proprio *Socialium Scientiarum* (1 de enero de 1994): AAS 86 (1994), 209.

44 Santo Tomás de Aquino remarcaba que la multiplicidad y la variedad "proviene de la intención del primer agente", quien quiso que "lo que faltaba a cada cosa para representar la bondad divina, fuera suplido por las otras", porque su bondad "no podría representarse convenientemente por una sola criatura" (*Summa Theologiae* I, q. 47, art. 1). Por eso nosotros necesitamos captar la variedad de las cosas en sus múltiples relaciones (cf. *Summa Theologiae* I, q. 47, art. 2, ad 1; q. 47, art. 3). Por razones análogas, necesitamos escucharnos unos a otros y complementarnos en nuestra captación parcial de la realidad y del Evangelio.

45 Juan XXIII, *Discurso en la solemne apertura del Concilio Vaticano II* (11 de octubre de 1962): AAS 54 (1962), 792: "*Est enim aliud ipsum depositum fidei, seu veritates, quae veneranda doctrina nostra continentur, aliud modus, quo eaedem enuntiantur*".

46 Juan Pablo II, Carta enc. *Ut unum sint* (25 de mayo de 1995), no. 19: AAS 87 (1995), 933.

47 *Summa Theologiae* I-II, q. 107, art. 4.

48 *Ibíd.*

49 No. 1735.

50 Cf. Juan Pablo II, Exhort. ap. postsinodal *Familiaris consortio* (22 de noviembre de 1981), no. 34: AAS 74 (1982), 123.

51 Cf. san ambrosio, *De Sacramentis*, IV, 6, 28: PL 16, 464: "Tengo que recibirle siempre, para que siempre perdone mis pecados. Si peco continuamente, he de tener siempre un *remedio*"; *ibíd.*, IV, 5, 24: PL 16, 463: "El que comió el maná murió; el que coma de este cuerpo obtendrá el perdón de sus pecados"; San Cirilo de Alejandría, *In Joh. Evang.* IV, 2: PG 73, 584-585: "Me he examinado y me he reconocido indigno. A los que así hablan les digo: ¿Y cuándo seréis dignos? ¿Cuándo os presentaréis entonces ante Cristo? Y si vuestros pecados os impiden acercaros y si nunca vais a dejar de caer —*¿quién conoce sus delitos?*, dice el salmo—, ¿os quedaréis sin participar de la santificación que vivifica para la eternidad?".

52 Benedicto XVI, *Discurso durante el encuentro con el Episcopado brasileño en la Catedral de San Pablo, Brasil* (11 de mayo de 2007), 3: AAS 99 (2007), 428.

53 Juan Pablo II, Exhort. ap. postsinodal *Pastores dabo vobis* (25 de marzo de 1992), no. 10: AAS 84 (1992), 673.

54 Pablo VI, Carta enc. *Ecclesiam suam* (6 de agosto de 1964), no. 19: AAS 56 (1964), 632.

55 San Juan Crisóstomo, *De Lazaro Concio* II, 6: PG 48, 992D.

56 Cf. *Propositio* 13.

57 Juan Pablo II, Exhort. ap. postsinodal *Ecclesia in Africa* (14 de septiembre de 1995), no. 52: AAS 88 (1996), 32-33; id., Carta enc. *Sollicitudo rei socialis* (30 de diciembre de 1987), no. 22: AAS 80 (1988), 539.

58 Juan Pablo II, Exhort. ap. postsinodal *Ecclesia in Asia* (6 de noviembre de 1999), no. 7: AAS 92 (2000), 458.

59 United States Conference of Catholic Bishops, *Ministry to Persons with a Homosexual Inclination: Guidelines for Pastoral Care* (2006), no. 17.

60 Conférence des Évêques de France. Conseil Famille et Société, *Élargir le mariage aux personnes de même sexe? Ouvrons le débat!* (28 de septiembre de 2012).

61 Cf. *Propositio* 25.

62 Azione Cattolica Italiana, *Messaggio della XIV Assemblea Nazionale alla Chiesa ed al Paese* (8 de mayo de 2011).

63 J. Ratzinger, *Situación actual de la fe y la teología*. Conferencia pronunciada en el Encuentro de Presidentes de Comisiones Episcopales de América Latina para la doctrina de la fe, celebrado en Guadalajara, México, 1996, publicada en *L'Osservatore Romano*, 1 de noviembre de 1996. Cf. v Conferencia General del Episcopado Latinoamericano y del Caribe, *Documento de Aparecida* (29 junio 2007), 12.

64 G. Bernanos, *Journal d'un curé de campagne*, Paris 1974, 135.

65 *Discurso de apertura del Concilio Ecuménico Vaticano II* (11 de octubre de 1962), 4, 2-4: AAS 54 (1962), 789.

66 J. H. Newman, *Letter of 26 January 1833*, en *The Letters and Diaries of John Henry Newman*, III, Oxford 1979, 204.

67 Benedicto XVI, *Homilía durante la Santa Misa de apertura del Año de la Fe* (11 de octubre de 2012): AAS 104 (2012), 881.

68 Tomás de Kempis, *De Imitatione Christi*, Liber Primus, IX, 5: "La imaginación y mudanza de lugares engañó a muchos".

69   Vale el testimonio de Santa Teresa de Lisieux, en su trato con aquella hermana que le resultaba particularmente desagradable, donde una experiencia interior tuvo un impacto decisivo: "Una tarde de invierno estaba yo cumpliendo, como de costumbre, mi dulce tarea para con la hermana Saint-Pierre. Hacía frío, anochecía... De pronto, oí a lo lejos el sonido armonioso de un instrumento musical. Entonces me imaginé un salón muy bien iluminado, todo resplandeciente de ricos dorados; y en él, señoritas elegantemente vestidas, prodigándose mutuamente cumplidos y cortesías mundanas. Luego posé la mirada en la pobre enferma, a quien sostenía. En lugar de una melodía, escuchaba de vez en cuando sus gemidos lastimeros . . . No puedo expresar lo que pasó en mi alma. Lo único que sé es que el Señor la iluminó con los rayos de la verdad, los cuales sobrepasaban de tal modo el brillo tenebroso de las fiestas de la tierra, que no podía creer en mi felicidad" (Manuscrito C, 29 vo-30 ro, en *Oeuvres complètes*, Paris 1992, 274-275).

70   Cf. *Propositio* 8.

71   H. de Lubac, *Méditation sur l'Église*, Paris 1968, 231.

72   Pontificio Consejo "Justicia y Paz", *Compendio de la Doctrina Social de la Iglesia*, no. 295.

73   Juan Pablo II, Exhort. ap. postsinodal *Christifideles laici* (30 de diciembre de 1988), no. 51: *AAS* 81 (1989), 493.

74   Congregación para la Doctrina de la Fe, Declaración *Inter Insigniores*, sobre la cuestión de la admisión de la mujer al sacerdocio ministerial (15 de octubre de 1976), VI: *AAS* 69 (1977) 115, citada en Juan Pablo II, Exhort. ap. postsinodal *Christifideles laici* (30 de diciembre de 1988), no. 51, nota 190: *AAS* 81 (1989), 493.

75   Juan PabLo ii, Carta ap. *Mulieris dignitatem* (15 de agosto de 1988), 27: *AAS* 80 (1988), 1718.

76   Cf. *Propositio* 51.

77   Juan Pablo II, Exhort. ap. postsinodal *Ecclesia in Asia* (6 de noviembre de 1999), no. 19: *AAS* 92 (2000), 478.

78   *Ibíd.*, no. 2: *AAS* 92 (2000), 451.

79   Cf. *Propositio* 4.

80   Cf. Conc. Ecum. Vat. II, Const. dogm. *Lumen gentium*, sobre la Iglesia, no. 1.

81   *Meditación en la primera Congregación general de la XIII Asamblea General Ordinaria del Sínodo de los Obispos* (8 de octubre de 2012): *AAS* 104 (2012), 897.

82   Cf. *Propositio* 6; conc. ecum. vat. II, Const. past. *Gaudium et spes*, sobre la Iglesia en el mundo actual, no. 22.

83   Cf. Conc. Ecum. Vat. II, Const. dogm. *Lumen gentium*, sobre la Iglesia, no. 9.

84   Cf. III Conferencia General del Episcopado Latinoamericano y del Caribe, *Documento de Puebla* (23 de marzo de 1979), nos. 386-387.

85   Conc. Ecum. Vat. II, Const. past. *Gaudium et spes*, sobre la Iglesia en el mundo actual, no. 36.

86   *Ibíd.*, no. 25.

87   *Ibíd.*, no. 53.

88   Juan Pablo II, Carta ap. *Novo Millennio ineunte* (6 de enero de 2001), no. 40: *AAS* 93 (2001), 294-295.

89   *Ibíd.*, no. 40: *AAS* 93 (2001), 295.

90 Juan Pablo II, Carta enc. *Redemptoris missio* (7 de diciembre de 1990), no. 52: *AAS* 83 (1991), 300. Cf. Exhort. ap. *Catechesi Tradendae* (16 de octubre de 1979), no. 53: *AAS* 71 (1979), 1321.

91 Juan Pablo II, Exhort. ap. postsinodal *Ecclesia in Oceania* (22 de noviembre de 2001), no. 16: *AAS* 94 (2002), 384.

92 Juan Pablo II, Exhort. ap. postsinodal *Ecclesia in Africa* (14 de septiembre de 1995), no. 61: *AAS* 88 (1996), 39.

93 Cf. Santo Tomás de Aquino, *Summa Theologiae*, I, q. 39, art. 8 cons. 2: "Excluido el Espíritu Santo, que es *el nexo de ambos*, no se puede entender la unidad de conexión entre el Padre y el Hijo"; cf. también *ibíd.* I, q. 37, art. 1, ad 3.

94 Juan Pablo II, Exhort. ap. postsinodal *Ecclesia in Oceania* (22 de noviembre de 2001), no. 17: *AAS* 94 (2002), 385.

95 Cf. Juan Pablo II, Exhort. ap. postsinodal *Ecclesia in Asia* (6 de noviembre de 1999), no. 20: *AAS* 92 (2000), 478-482.

96 Cf. Conc. Ecum. Vat. II, Const. dogm. *Lumen gentium*, sobre la Iglesia, no. 12.

97 Juan Pablo II, Carta enc. *Fides et ratio* (14 de septiembre de 1998), no. 71: *AAS* 91 (1999), 60.

98 III Conferencia General del Episcopado Latinoamericano y del Caribe, *Documento de Puebla* (23 de marzo de 1979), 450; cf. V Conferencia General del Episcopado Latinoamericano y del Caribe, *Documento de Aparecida* (29 de junio de 2007), 264.

99 Cf. Juan Pablo II, Exhort. ap. postsinodal *Ecclesia in Asia* (6 de noviembre de 1999), no. 21: *AAS* 92 (2000), 482-484.

100 No. 48: *AAS* 68 (1976), 38.

101 *Ibíd.*

102 *Discurso en la Sesión inaugural de la V Conferencia general del Episcopado Latinoamericano y del Caribe* (13 de mayo de 2007), 1: *AAS* 99 (2007), 446-447.

103 V Conferencia General del Episcopado Latinoamericano y del Caribe, *Documento de Aparecida* (29 de junio de 2007), 262.

104 *Ibíd.*, 263.

105 Cf. Santo Tomás de Aquino, *Summa Theologiae* II-II, q. 2, art. 2.

106 V Conferencia General del Episcopado Latinoamericano y del Caribe, *Documento de Aparecida* (29 de junio de 2007), 264.

107 *Ibíd.*

108 Cf. Conc. Ecum. Vat. II, Const. dogm. *Lumen gentium*, sobre la Iglesia, no. 12.

109 Cf. *Propositio* 17.

110 Cf. *Propositio* 30.

111 Cf. *Propositio* 27.

112 Juan Pablo II, Carta ap. *Dies Domini* (31 de mayo de 1998), no. 41: *AAS* 90 (1998), 738-739.

113 Pablo VI, Exhort. ap. *Evangelii nuntiandi* (8 de diciembre de 1975), no. 78: *AAS* 68 (1976), 71.

114 *Ibíd.*

115 Juan Pablo II, Exhort. ap. postsinodal *Pastores dabo vobis* (25 de marzo de 1992), no. 26: AAS 84 (1992), 698.

116 *Ibíd.*, no. 25: AAS 84 (1992), 696.

117 Santo Tomás de Aquino, *Summa Theologiae* II-II, q. 188, art. 6.

118 Pablo VI, Exhort. ap. *Evangelii nuntiandi* (8 de diciembre de 1975), no. 76: AAS 68 (1976), 68.

119 *Ibíd.*, no. 75: AAS 68 (1976), 65.

120 *Ibíd.*, no. 63: AAS 68 (1976), 53.

121 *Ibíd.*, no. 43: AAS 68 (1976), 33.

122 *Ibíd.*

123 Juan Pablo II, Exhort. ap. postsinodal *Pastores dabo vobis* (25 de marzo de 1992), no. 10: AAS 84 (1992), 672.

124 Pablo VI, Exhort. ap. *Evangelii nuntiandi* (8 de diciembre de 1975), no. 40: AAS 68 (1976), 31.

125 *Ibíd.*, no. 43: AAS 68 (1976), 33.

126 Cf. *Propositio* 9.

127 Juan Pablo II, Exhort. ap. postsinodal *Pastores dabo vobis* (25 de marzo de 1992), no. 26: AAS 84 (1992), 698.

128 Cf. *Propositio* 38.

129 Cf. *Propositio* 20.

130 Cf. Conc. Ecum. Vat. II, Decreto *Inter mirifica*, sobre los medios de comunicación social, no. 6.

131 Cf. *De musica*, VI, XIII, 38: PL 32, 1183-1184; *Confessiones*, IV, XIII, 20: PL 32, 701.

132 Benedicto XVI, *Discurso con ocasión de la proyección del documental "Arte y fe — via pulchritudinis"* (25 de octubre de 2012): L'*Osservatore Romano* (27 de octubre de 2012), 7.

133 *Summa Theologiae* I-II q. 65, art. 3, ad 2: "*propter aliquas dispositiones contrarias*".

134 Juan Pablo II, Exhort. ap. postsinodal *Ecclesia in Asia* (6 de noviembre de 1999), no. 20: AAS 92 (2000), 481.

135 Benedicto XVI, Exhort. ap. postsinodal *Verbum Domini* (30 de septiembre de 2010), no. 1: AAS 102 (2010), 682.

136 Cf. *Propositio* 11.

137 Cf. Conc. Ecum. Vat. II, Const. dogm. *Dei Verbum*, sobre la divina Revelación, nos. 21-22.

138 Cf. Venedicto XVI, Exhort. ap. postsinodal *Verbum Domini* (30 de septiembre de 2010), nos. 86-87: AAS 102 (2010), 757-760.

139 Benedicto XVI, *Discurso durante la primera Congregación general del Sínodo de los Obispos* (8 de octubre de 2012): AAS 104 (2012), 896.

140 Pablo VI, Exhort. ap. *Evangelii nuntiandi* (8 de diciembre de 1975), no. 17: AAS 68 (1976), 17.

141 Juan Pablo II, *Mensaje a los discapacitados*, Ángelus (16 de noviembre de 1980): *Insegnamenti* 3/2 (1980), 1232.

142 Pontificio Consejo "Justicia y Paz", *Compendio de la Doctrina Social de la Iglesia*, no. 52.

143 Juan Pablo II, *Catequesis* (24 de abril de 1991): *Insegnamenti* 14/1 (1991), 856.

144 Venedicto XVI, Motu proprio *Intima Ecclesiae natura* (11 de noviembre de 2012): *AAS* 104 (2012), 996.

145 Carta Enc. *Populorum Progressio* (26 de marzo de 1967), no. 14: *AAS* 59 (1967), 264.

146 Pablo VI, Exhort. ap. *Evangelii nuntiandi* (8 de diciembre de 1975), no. 29: *AAS* 68 (1976), 25.

147 V Conferencia General del Episcopado Latinoamericano y del Caribe, *Documento de Aparecida* (29 de junio de 2007), 380.

148 Pontificio Consejo "Justicia y Paz", *Compendio de la Doctrina Social de la Iglesia*, no. 9.

149 Juan Pablo II, Exhort. ap. postsinodal *Ecclesia in America* (22 de enero de 1999), no. 27: *AAS* 91 (1999), 762.

150 Benedicto XVI, Carta enc. *Deus caritas est* (25 de diciembre de 2005), no. 28: *AAS* 98 (2006), 239-240.

151 Pontificio Consejo "Justicia y Paz", *Compendio de la Doctrina Social de la Iglesia*, no. 12.

152 Carta ap. *Octogesima adveniens* (14 de mayo de 1971), no. 4: *AAS* 63 (1971), 403.

153 Congregación para la Doctrina de la Fe, Instrucción *Libertatis nuntius* (6 de agosto de 1984), XI, 1: *AAS* 76 (1984), 903.

154 Pontificio Consejo "Justicia y Paz", *Compendio de la Doctrina Social de la Iglesia*, no. 157.

155 Pablo VI, Carta ap. *Octogesima adveniens* (14 de mayo de 1971), no. 23: *AAS* 63 (1971), 418.

156 Pablo VI, Carta enc. *Populorum Progressio* (26 de marzo de 1967), no. 65: *AAS* 59 (1967), 289.

157 *Ibíd.*, no. 15: *AAS* 59 (1967), 265.

158 Conferéncia Nacional dos Bispos do Brasil, Documento *Exigências evangélicas e éticas de superação da miséria e da fome* (abril de 2002), Introducción, 2.

159 Juan XXIII, Carta enc. *Mater et Magistra* (15 de mayo de 1961), no. 3: *AAS* 53 (1961), 402.

160 San Agustín, *De Catechizandis Rudibus*, I, XIV, 22: *PL* 40, 327.

161 Congregación para la Doctrina de la Fe, Instrucción *Libertatis nuntius* (6 de agosto de 1984), XI, 18: *AAS* 76 (1984), 907-908.

162 Juan Pablo II, Carta enc. *Centesimus annus* (1 de mayo de 1991), no. 41: *AAS* 83 (1991), 844-845.

163 Juan Pablo II, *Homilía durante la Misa para la evangelización de los pueblos en Santo Domingo* (11 de octubre de 1984), 5: *AAS* 77 (1985), 358.

164 Juan Pablo II, Carta enc. *Sollicitudo rei socialis* (30 de diciembre de 1987), no. 42: *AAS* 80 (1988), 572.

165 *Discurso en la Sesión Inaugural de la V Conferencia General del Episcopado Latinoamericano y del Caribe* (13 de mayo de 2007), 3: *AAS* 99 (2007), 450.

166 Santo Tomás de Aquino, *Summa Theologiae* II-II, q. 27, art. 2.

167 *Ibíd.*, I-II, q. 110, art. 1.

168 *Ibíd.*, I-II, q. 26, art. 3

169 Juan Pablo II, Carta ap. *Novo Millennio ineunte* (6 de enero de 2001), no. 50: AAS 93 (2001), 303.

170 *Ibíd.*

171 Cf. *Propositio* 45.

172 Congregación para la Doctrina de la Fe, Instrucción *Libertatis nuntius* (6 de agosto de 1984), XI, 18: AAS 76 (1984), 908.

173 Esto implica "eliminar las causas *estructurales* de las disfunciones de la economía mundial": Benedicto XVI, *Discurso al Cuerpo Diplomático* (8 de enero de 2007): AAS 99 (2007), 73.

174 Cf. Commission Sociale des Évêques de France, Declaración *Réhabiliter la politique* (17 de febrero de 1999); Pío XI, *Mensaje*, 18 de diciembre de 1927.

175 Benedicto XVI, Carta enc. *Caritas in veritate* (29 de junio de 2009), no. 2: AAS 101 (2009), 642.

176 Juan Pablo II, Exhort. ap. postsinodal *Christifideles laici* (30 de diciembre de 1988), no. 37: AAS 81 (1989), 461.

177 Cf. *Propositio* 56.

178 Catholic Bishops' Conference of the Philippines, Carta pastoral *What Is Happening to Our Beautiful Land?* (29 de enero de 1988).

179 Pablo VI, Carta enc. *Populorum Progressio* (26 de marzo de 1967), no. 76: AAS 59 (1967), 294-295.

180 United States Conference of Catholic Bishops, Carta pastoral *Forming Consciences for Faithful Citizenship* (2007), no. 13.

181 Pontificio Consejo "Justicia y Paz", *Compendio de la Doctrina Social de la Iglesia*, no. 161.

182 *Das Ende der Neuzeit*, Würzburg 1965, 30-31.

183 Cf. I. Quiles, S.I., *Filosofía de la educación personalista*, Buenos Aires 1981, 46-53.

184 Comité Permanent de la Conférence Episcopale Nationale du Congo, *Message sur la situation sécuritaire dans le pays* (5 de diciembre de 2012), 11.

185 Cf. Platón, *Gorgias*, 465.

186 Benedicto XVI, *Discurso a la Curia Romana* (21 de diciembre de 2012): AAS 105 (2013), 51.

187 Cf. *Propositio* 14.

188 Cf. *Catecismo de la Iglesia Católica*, no. 1910; Pontificio Consejo "Justicia y Paz", *Compendio de la Doctrina Social de la Iglesia*, no. 168.

189 Cf. *Propositio* 54.

190 Juan Pablo II, Carta enc. *Fides et ratio* (14 de septiembre de 1998), no. 88: AAS 91 (1999), 74.

191 Santo Tomás de Aquino, *Summa contra Gentiles*, I, VII; cf. Juan Pablo II, Carta enc. *Fides et ratio* (14 de septiembre de 1998), no. 43: AAS 91 (1999), 39.

192 Conc. Ecum. Vat. II, Decreto *Unitatis redintegratio*, sobre el ecumenismo, no. 4.

193 Cf. *Propositio* 52.

194 Catholic Bishops' Conference of India, Declaración final de la XXX Asamblea general: *The Church's Role for a Better India* (8 de marzo de 2012), 8, 9.

195 Cf. *Propositio* 53.

196 Juan Pablo II, Carta enc. *Redemptoris missio* (7 de diciembre de 1990), no. 56: AAS 83 (1991), 304.

197 Cf. Benedicto XVI, *Discurso a la Curia Romana* (21 dicembre 2012): AAS 105 (2013), 51; Conc. Ecum. Vat. II, Decreto *Ad gentes*, sobre la actividad misionera de la Iglesia, no. 9; *Catecismo de la Iglesia católica*, no. 856.

198 Conc. Ecum. Vat. II, Const. dogm. *Lumen gentium*, sobre la Iglesia, no. 16.

199 Comisión Teológica Internaciona, *El cristianismo y las religiones* (1996), no. 72: *Ench. Vat.* 15, n. 1061.

200 *Ibíd.*

201 Cf. *ibíd.*, nos. 81-87: *Ench. Vat.* 15, nos. 1070-1076.

202 Cf. *Propositio* 16.

203 Benedicto XVI, Exhort. ap. postsinodal *Ecclesia in Medio Oriente* (14 de septiembre de 2012), no. 26: AAS 104 (2012), 762.

204 *Propositio* 55.

205 Cf. *Propositio* 36.

206 Juan Pablo II, Carta ap. *Novo Millennio ineunte* (6 de enero de 2001), no. 52: AAS 93 (2001), 304.

207 Cf. V. M. Fernández, "Espiritualidad para la esperanza activa". Acto de apertura del I Congreso Nacional de Doctrina Social de la Iglesia, Rosario (Argentina), 2011: *UCActualidad* 142 (2011), 16.

208 Juan Pablo II, Carta enc. *Redemptoris missio* (7 de diciembre de 1990), no. 45: AAS 83 (1991), 292.

209 Benedicto XVI, Carta enc. *Deus caritas est* (25 de diciembre de 2005), no. 16: AAS 98 (2006), 230.

210 *Ibíd.*, no. 39: AAS 98 (2006), 250.

211 II Asamblea Especial para Europa del Sínodo de los Obispos, *Mensaje final*, 1: *L'Osservatore Romano* (23 de octubre de 1999), 5.

212 Isaac de Stella, *Sermo* 51: PL 194, 1863, 1865.

213 *Nican Mopohua*, 118-119.

214 Cf. Conc. Ecum. Vat. II, Const. dogm. *Lumen gentium*, sobre la Iglesia, cap. VIII, nos. 52-69.

215 Juan Pablo II, Carta enc. *Redemptoris Mater* (25 de marzo de 1987), no. 6: AAS 79 (1987), 366.

216 Cf. *Propositio* 58.

217 Juan Pablo II, Carta enc. *Redemptoris Mater* (25 de marzo de 1987), no. 17: AAS 79 (1987), 381.